Kreativer Kindertanz

Danksagung:

Bedanken möchte ich mich bei Hartmut Jakubowsky, der die Fotos für mich und dieses Buch gemacht hat und bei meinen Tanzkindern des Sportvereins SCVM Hamburg, die mir ihre Zeit und Geduld zur Verfügung gestellt haben.

Julia Dold

Aus Gründen der besseren Lesbarkeit haben wir uns entschlossen, durchgängig die männliche (neutrale) Anredeform zu nutzen, die selbstverständlich die weibliche mit einschließt.

WO SPORT SPASS MACHT

Kreativer Kindertanz

Spaß und Freude am Tanz vermitteln

Julia Dold & Lea Schilling

Meyer & Meyer Verlag

Kreativer Kindertanz

Bibliografische Information der Deutschen Nationalbibliothek
Die Deutsche Nationalbibliothek verzeichnet diese Publikation in der Deutschen Nationalbibliografie; detaillierte bibliografische Details sind im Internet über <http://dnb.d-nb.de> abrufbar.

4. Auflage 2022

Auckland, Beirut, Dubai, Hägendorf, Hongkong, Indianapolis, Kairo, Kapstadt,

Manila, Maidenhead, Neu-Delhi, Singapur, Sydney, Teheran, Wien

Member of the World Sport Publishers' Association (WSPA)

Gesamtherstellung: Print Consult GmbH, München

MIX
Paper from responsible sources
FSC® C084279

ISBN 978-3-89899-580-1
E-Mail: verlag@m-m-sports.com
www.dersportverlag.de

INHALT

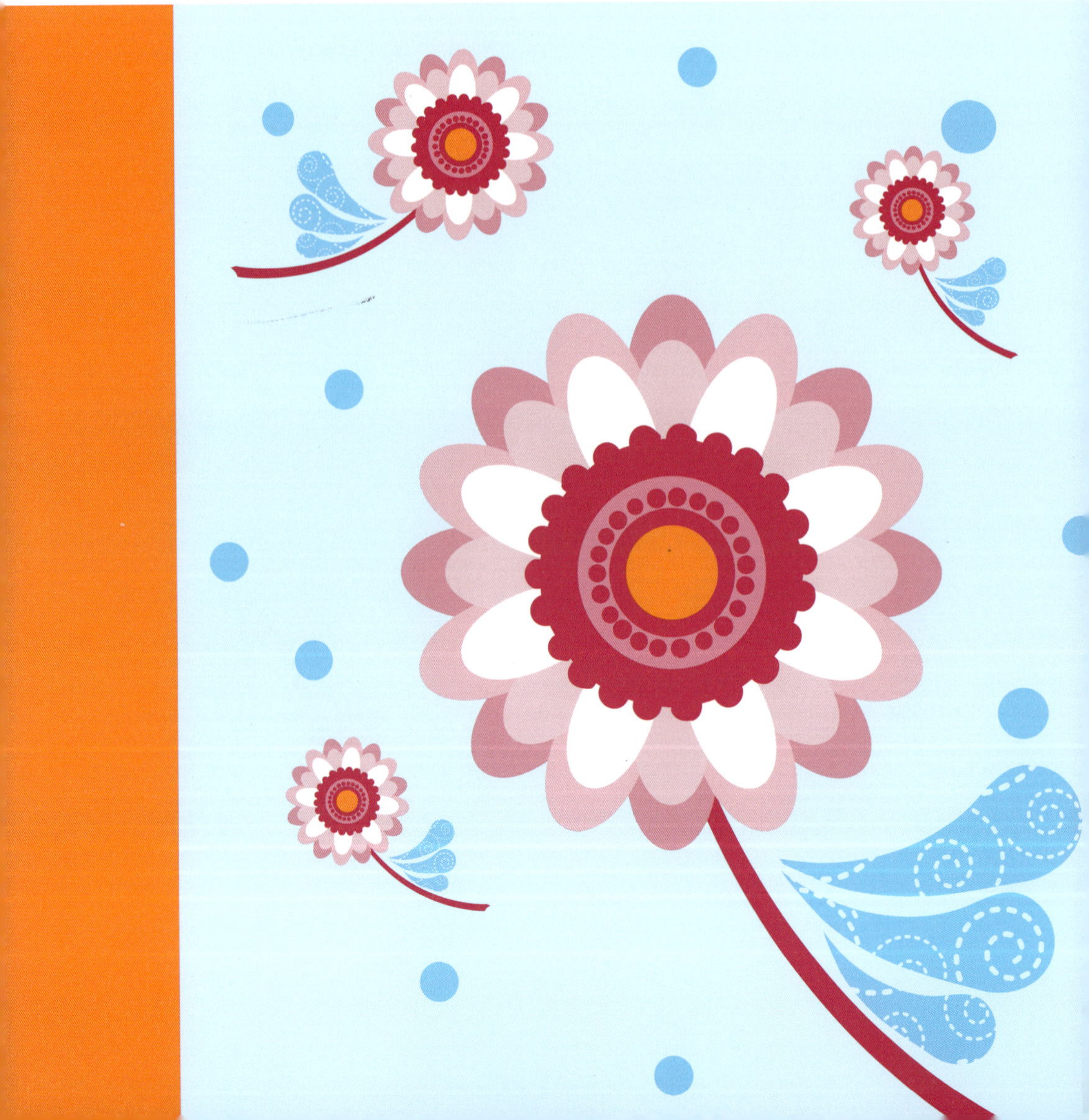

KAPITEL 1

EINLEITUNG

1.1 Einführende Gedanken

Lea Schilling und ich, Julia Dold, arbeiten seit 2002 als freiberufliche Tanzpädagoginnen in Hamburg. Einer der Schwerpunkte unserer Arbeit mit Kindern und Jugendlichen ist dabei der kreative Kindertanz.

Als wir beide vor sieben Jahren, nach der dreijährigen tanzpädagogischen Ausbildung in Hamburg, mit einem Examen in der Tasche ins Berufsleben entlassen wurden, hatten wir beide das Gefühl, ganz von vorne anfangen zu müssen. Viele Fragen waren uns bis dahin unbeantwortet geblieben.

Es zeigte sich, dass nur in der eigenen jahrelangen praktischen Arbeit mit Kindern diese Fragen beantwortet werden konnten. Durch Erfahrungswerte, durch stetiges Ausprobieren und Verwerfen, fanden wir schließlich zu einem eigenen Verständnis und Ansatz für den Unterricht im kreativen Kindertanz. Wir erfuhren, welche Methoden dabei funktionierten und welche nicht.

Viele dieser Fragen, die uns vor sieben Jahren beschäftigten, werden uns auch jetzt in unserer Kindertanzausbildung des DTB von den Teilnehmern gestellt.

Zu den wichtigsten Fragen in der Ausbildung gehören:

- Ist kreativer Kindertanz Ballett und kann auch ich das unterrichten?
- Was sind die Inhalte und wie kann ich sie sinnvoll vermitteln?
- Welchen Aufbau wähle ich für eine kreative Kindertanzstunde? Braucht es dafür einen komplett strukturierten Stundenaufbau bzw. -ablauf und wie kann ich diesen effektiv vorbereiten?
- Wie halte ich Kinder eine Stunde lang „bei der Stange"?
- Ist kreativer Kindertanz in einer Turnhalle ohne Spiegel überhaupt möglich?
- Was genau bedeutet *Improvisation* und wie kann ich sie anleiten?
- Verfolgt Improvisation einen tänzerischen Sinn?
- Kann ich auch Jungen z. B. im Klassenverband des Sportunterrichts für Tanz begeistern und mit welchen Mitteln?

Hier wollen wir versuchen, einige Antworten zu geben.

Dieses Buch richtet sich mit seinen Inspirationen, Vorschlägen, Anleitungen und Methoden vorrangig an Erzieher, Grundschullehrer und Übungsleiter in Vereinen, die den kreativen Kindertanz in ihre tägliche Arbeit mit Kindern integrieren möchten.

Vor allem sollen denjenigen praktische Tipps und Richtlinien gegeben werden, die den Kindertanz als neues Betätigungsfeld für sich entdecken möchten. Dabei müssen wir natürlich für unsere beschriebenen Übungen und praktischen Inhalte ein Gefühl für Rhythmus und Musik voraussetzen. Es ist aber nicht erforderlich, selbst ein „perfekter Tänzer" zu sein.

Es sollen hier vielmehr Inhalte für diejenigen vermittelt werden, die selbst Spaß an tänzerischer Bewegung nach Musik und an der Arbeit mit Kindern haben.

Natürlich finden sich auch viele neue Inspirationen und Übungen für ausgebildete Tanzpädagogen und Tanzlehrer. Wir wissen aus unserer eigenen Erfahrung, wie wichtig der Austausch und die stetige Suche nach neuen Inhalten für unseren Beruf als Tanzpädagogen ist.

Lea Schilling und ich möchten mit unseren Unterrichtsmethoden und -ideen den Lesern dieses Buches vor allem die Scheu vor dem Unterrichten einer kreativen Kindertanzstunde nehmen.

Ihnen als Leser soll mit diesem Buch sowohl praktisches als auch theoretisches Handwerkszeug an die Hand gegeben werden. Wichtig ist uns dabei nicht nur ein großer Ideenpool mit neuen Übungen, Sprüchen, Techniken und Inspirationen, sondern auch die Möglichkeit, die Inhalte weiterhin selbstständig im eigenen Unterricht weiterentwickeln und ausbauen zu können.

Wir möchten aufzeigen, wie man mit einfachen Mitteln eine kreative Kindertanzstunde effektiv gestalten kann, ohne dass dabei die tänzerische Bildung und Entwicklung der Kinder zu kurz kommen. Vor allem möchten wir Grundschullehrer und Erzieher motivieren und ermutigen, sich an den kreativen Kindertanz innerhalb ihrer Institutionen heranzuwagen, damit der Kindertanz mit seinen unzähligen Möglichkeiten der körperlichen und geistigen Schulung von Kindern zunehmend Einzug in Schulen und Kindergärten finden kann.

Mit diesem konzeptionellen Programm von Theorie und Praxis innerhalb dieses Buches können die oben genannten Fragen beantwortet und vielleicht einige Hemmungen der zukünftigen Kindertanzlehrer abgebaut werden.

Wichtig ist uns vor allem, Ihnen zu vermitteln, selbst mit Spaß und Freude an die tänzerische Arbeit mit Kindern zu gehen.

In diesem Sinne wünschen wir Ihnen viel Spaß beim Lesen und vor allem beim Ausprobieren!

1.2 Unser Ansatz

Wir vertreten den Ansatz, kreativen Kindertanz als ganzheitliches Training für Kinder zu verstehen. Das heißt für uns, mit dem Tanz Körper und Geist in Bewegung zu bringen, um so nicht nur die körperlichen, sondern auch die geistigen Ressourcen der Kinder zu fördern.

Körperliche Ertüchtigung ist in Zeiten von Fernseher, Internet und Computerspielen von größter Wichtigkeit und sollte vorrangige Priorität genießen, da ein gesunder Körper auch leistungsfähiger ist.

Doch die Aufgaben, die später an Kinder und Jugendliche in Schule und Ausbildung gestellt werden, erfordern zudem die Fähigkeit des problem- bzw. lösungsorientierten Denkens, sowie das Erkennen der eigenen Stärken und ein daraus resultierendes Selbstbewusstsein, das es ihnen unter anderem ermöglicht, sich vor anderen Menschen behaupten und präsentieren zu können.

Neben der tänzerischen Schulung des Körpers, den sportlich und bewegungsorientierten Gesichtspunkten sollten auch diese Möglichkeiten des kreativen Kindertanzes berücksichtigt werden.

Problem- bzw. lösungsorientiertes Denken erfordert Kreativität und Vorstellungsvermögen.

Warum nicht auch in einer kreativen Kindertanzstunde diese Aspekte der kindlichen Entwicklung gezielt schulen und fördern?

Deshalb möchten wir in unserem Unterricht den Tanz mit Elementen der Psychomotorik, des Theaters und der Improvisation verbinden, um so die körperlichen und die geistigen Fähigkeiten der Kinder zu entfalten.

1.3 Was verstehen wir unter kreativem Kindertanz?

Kreativer Kindertanz ist viel mehr als nur körperliche Ertüchtigung oder das Erlernen von tänzerischen Abläufen und Techniken, wie es oft im klassischen Kinderballett der Fall ist. Kreativer Kindertanz fördert das eigene Mitdenken der Kinder sowie ihre Kreativität und stärkt durch kleine Erfolgserlebnisse das kindliche Selbstbewusstsein.

Da die Definition des kreativen Kindertanzes sehr breit gefächert ist, gibt er uns auch unzählige Möglichkeiten, Kinder zu fördern. Wir haben im kreativen Kindertanz den großen Vorteil, den kindlichen Ideenreichtum, der bei jedem Kind vorhanden ist, für unseren Unterricht zu nutzen.

★ Zum einen ist es also wichtig, die Kreativität der Kinder einzubeziehen und zu schulen, zum anderen aber auch, die in jedem Kind steckende Kreativität zutage zu fördern.

Bei vielen Kindern ist das schlichte „Konsumieren" von Ideen und Bildern bereits so etabliert, dass es ihnen fast unmöglich wird, die eigene Fantasie zu gebrauchen und eigene Bilder zu entwickeln.

So gehört es auch zu unseren Aufgaben, im kreativen Kindertanz das eigene Produzieren von Ideen und Bildern den Kindern neu zu vermitteln.

Wir verstehen den kreativen Kindertanz nicht als schlichtes „Konsumieren" von Tanzschritten und Tanztechniken, die lediglich über Improvisation vermittelt und erlernt werden, sondern vielmehr als die Fähigkeit, eigene innere Bilder mit dem Körper in Bewegung umzusetzen.

Indem wir diese Fähigkeit der Kinder schulen, wird auch das spätere Erlernen von festen Tanzfolgen und Tanzschritten viel intensiver und nachhaltiger stattfinden.

★ Das Ziel sollte darin bestehen, bei jedem Kind die eigene tänzerische Persönlichkeit herauszufiltern und nicht nur Tanz durch Nachahmung zu vermitteln.

Durch die Umsetzung von eigenen inneren Bildern in ebenso eigene Bewegungsabläufe kann das Kind individuelle Bewegungsqualitäten entwickeln, die seinem Körper und seinen Möglichkeiten entsprechen.

„Es gilt, nicht passiv vor dem Fernseher zu sitzen, sondern zu lernen, den eigenen, inneren Fernseher einzuschalten."

1.4 Unterrichtskonzept

In diesem Unterrichtskonzept soll es darum gehen, Kindern Freude am Tanzen und an Bewegung zu vermitteln und ihnen nahezubringen, wie sie selbst mithilfe ihrer Fantasie und Kreativität Bewegungen und Schritte erfinden können. Das Entwickeln von eigenen inneren Bildern und damit eigenen Bewegungsqualitäten soll innerhalb des Unterrichts gefördert und langfristig geschult werden. Um dies zu erreichen, bedienen wir uns zum einen der klassischen Möglichkeiten des kreativen Kindertanzes.

Dazu gehören:

- rhythmisch-musikalische Übungen,
- Singspiele,
- Bewegung nach Versen und kleinen Gedichten,
- Improvisation von Bewegungen und Bewegungsgeschichten im Raum sowie
- das Erlernen von kleinen, altersgerechten Tanzchoreografien.

Diese Inhalte gehören zu einer kreativen Kindertanzstunde unbedingt dazu.

Wir möchten noch ein bisschen mehr!

Wir versuchen, die oben genannten Aspekte mit Anteilen aus dem Schauspielbereich und der Psychomotorik anzureichern. Beispielsweise werden Aufwärmübungen aus dem Schauspielunterricht kindgerecht umgeändert, sodass sie im Kindertanzunterricht eingesetzt werden können. Ebenfalls ist uns der Umgang mit Sprache und Stimme sehr wichtig. Wir halten die Kinder immer wieder an, Verse und Gedichte mit uns gemeinsam zu sprechen, eigene Verse zu entwickeln oder gemeinsam die Lieder, zu denen wir tanzen, mitzusingen. So versuchen wir, unseren Unterricht so weit anzureichern, dass er zu einem ganzheitlicheren Training für Kinder wird.

Zwei wichtige Säulen dieses Konzepts sind:

a) die **Improvisation** und

b) der **Stundenaufbau**.

a) Die Improvisation

★ Es ist wichtig, sich bewusst zu machen, dass eine Improvisation nicht nur als Mittel zum Zweck benutzt werden sollte, z. B. um Kindern spielerisch Bewegungsabläufe zu vermitteln.

Vielmehr sollte Improvisation immer mit Sinn gefüllt werden und ein klares, vom Lehrer gesetztes Stundenziel verfolgen.

- Die Improvisation sollte als Schlüssel verstanden werden, die inneren Bilder der Kinder hervorzulocken.
- Die Improvisation sollte innerhalb der Stunde ein klares Lernziel verfolgen (Einführung von Drehungen, Sprüngen, Bewegungsqualitäten, wie schwer/leicht, hart/weich, Schrittarten, die später für einen Tanz gebraucht werden etc.).
- Die Improvisation sollte von der Lehrperson vorgegebene Anteile sowie Anteile an freier Bewegungsfindung der Kinder aufweisen.
- Die Bewegungsideen der Kinder innerhalb der Improvisationsaufgabe sollten vom Lehrer im Stundenverlauf aufgegriffen werden (z. T. für Teile einer späteren Choreografie).
- Die Improvisationseinheit sollte in einem festen Rahmen stattfinden, damit die Kinder innerhalb der Improvisation an Sicherheit gewinnen.
- Eine Improvisation kann gezielt innerhalb der Stunde platziert werden und einen für die Kinder wiedererkennbaren Ablauf aufweisen.

b) Der Stundenaufbau

Genau wie im Schulunterricht sollte auch eine Kindertanzstunde im Freizeitbereich einen klaren und strukturierten Stundenaufbau aufweisen.

Wir verstehen uns zwar als Freizeitpädagogen und die Kinder kommen am Nachmittag freiwillig zu uns, aber dennoch sollte es unser Ziel sein, eine klare Struktur und Regelung zu haben und den Kindern nachhaltig etwas mitzugeben.

Wir wissen, dass Kinder innerhalb einer klaren und festen Struktur am besten lernen können. Ein fester Stundenablauf gibt den Kindern einen Rahmen, an dem sie sich während einer 60-minütigen Unterrichtsstunde orientieren können. Sie wissen, was kommt und dieses Wissen gibt ihnen die Sicherheit, aus sich herauszugehen und sich selbst und anderen zu vertrauen.

Durch einen strukturierten Stundenaufbau geben wir der Stunde einen Spannungsbogen, mit dem wir die verschiedenen Konzentrationsphasen der Kinder innerhalb der Stunde bestmöglich nutzen können. Gleichzeitig wird verhindert, dass die Energie innerhalb der Stunde nach kurzer Zeit verpufft.

Wir können die Aufmerksamkeit der Kinder für die Stunde und für uns als Lehrer erhöhen. Der eigene Energieaufwand innerhalb der Stunde kann so verringert werden und die Vorbereitungsarbeit kann auf längere Sicht vereinfacht werden.

Diejenigen von Ihnen, die große Gruppenstärken in Turnhallen unterrichten, wissen, wie schwierig es ist, die Konzentration und Aufmerksamkeit der Kinder sowie die eigene Kraft und Präsenz innerhalb der Stunde aufrechtzuerhalten.

Sobald ich als Lehrperson unsicher bin und damit für einen Moment an Präsenz verliere, tut sich ein Spannungsloch in der Stunde auf und die Aufmerksamkeit und Aufnahmefähigkeit der Kinder ist dahin. Diese Aufmerksamkeit wiederzuerlangen, bedeutet dann einen noch viel höheren Energieaufwand. Deshalb gilt es, diesen Spannungsverlust durch einen strukturierten Stundenablauf zu vermeiden.

Gerade für diejenigen unter Ihnen, die in Vereinsturnhallen, in Schulen mit großen Klassenstärken oder in Bewegungsräumen von Kindertagesstätten kreativen Kindertanz anbieten möchten, soll dieses Unterrichtskonzept praktisches Handwerkszeug enthalten, das Ihnen das Unterrichten einer kreativen Kindertanzstunde erleichtert.

1.5 Was verstehen wir unter Improvisation?

★ **Improvisation** bedeutet, **Körper und Geist** in Bewegung zu bringen.

In vielen kreativen Kindertanzstunden wird die Improvisation als eine Art „Trick" eingesetzt, Kindern spielerisch tänzerische Bewegungen und Schritte beizubringen. Das ist Improvisation natürlich zu einem gewissen Grade auch. Die Kinder bewegen sich zu vorgegebenen Bildern und setzen unbewusst und spielerisch bereits tänzerische Schritte um. Die Kinder lernen, ohne es zu merken und das ist, ohne Zweifel, eine der großen Stärken der tänzerischen Improvisation im Kindertanz.

Improvisation kann aber noch viel mehr!

Wenn ein Kind ein vorgegebenes Bild, wie z. B. ein Tier, in eigene Bewegungen umsetzt, so muss es dazu seine Fantasie aktivieren und damit seine geistige Gedankenwelt. Hier muss es seinen „inneren Fernseher" einschalten und selbst aktiv werden.

Zudem wird es versuchen, aus sich herauszugehen und sich, wenn auch in einem geschützten Raum, zu präsentieren. Hier können also Körper und Geist gemeinsam gefordert werden.

Wenn Übungsleiter die Kinder Bewegungen improvisieren lassen, nur um ihrer selbst willen, ob ihrer tänzerischen Schönheit und Beweglichkeit oder aber ausschließlich als Mittel für das Erlernen von tänzerischen Bewegungsabläufen, so werden die Möglichkeiten einer Improvisation nicht ausgeschöpft und ihre Effektivität nicht genutzt. Zu überlegen, wie sich ein bestimmtes Tier bewegt und dann die eigene Vorstellung in reale Bewegungen umzusetzen, schult die Fantasie und Vorstellungskraft der Kinder.

Noch spannender und effektiver wird es aber, wenn wir diese erprobten Bewegungen der Kinder im Verlauf der Stunde innerhalb einer kleinen Schrittfolge wieder einsetzen. So können die Ideen der Kinder und ihre freien Bewegungen in eine kleine Tanzfolge und damit in eine Form gebracht werden. Die vorher frei improvisierten Bewegungen haben damit einen Sinn und auch ein Ziel innerhalb des Unterrichts bekommen.

Die Kinder waren kreativ tätig und verspüren ein Erfolgserlebnis. Sie haben die Stunde aktiv mitgestaltet und können das Ergebnis anschließend selbst sehen und anderen präsentieren.

★ Die Improvisation hat dadurch innerhalb der Stunde eine sichtbare und nachvollziehbare Aufgabe erhalten und bleibt nicht nur Mittel zum Zweck. Ihr kreatives Potenzial kann konkret für die Stunde und deren Lernziele genutzt werden.

1.6 Kinder und Bewegung heute

Studien haben gezeigt, dass viele Kinder schon im Kindergartenalter nicht mehr in der Lage sind, rückwärts zu gehen. Auch einfachste Bewegungsabläufe, wie das Balancieren auf einer Bank oder auf einem am Boden liegenden Seil, das Stehen auf einem Bein oder das Springen von einem auf den anderen Fuß, werden heute für einige Kinder zu einer fast unlösbaren Aufgabe.

Kinder, die beispielsweise in den Jahren nach dem Zweiten Weltkrieg aufwuchsen, waren darauf angewiesen, sich draußen in den Trümmern ihrer Städte selbst zu beschäftigen. Dort waren ihre Spielplätze, auf denen sie herumkletterten, balancierten, Fangen spielten und herumsprangen. Und nicht nur das. Sie waren häufig auf sich allein gestellt und mussten diese „Spielplätze" für sich entdecken und einnehmen. Sich selbst überlassen, waren sie die Entdecker ihrer eigenen kleinen Welten und Abenteuer. Es hat sich gezeigt, dass diese Kinder nicht nur körperlich bessere Fähigkeiten besaßen, sondern sich oft auch eigenverantwortlicher und selbstbewusster entwickelten.

Ich selbst konnte als Kind noch ganze Nachmittage draußen herumstromern und wir haben uns die Orte, an denen wir spielten, selbst ausgesucht. Wir hatten ein Fahrrad und wir hatten das Vertrauen unserer Eltern. So lernte ich balancieren, klettern, hüpfen, springen, Körperkoordination und Körpergefühl nicht nur im Ballett- und Turnunterricht, sondern vielmehr ganz nebenbei.

Viele Kinder heute haben gar nicht mehr die Möglichkeit wie wir, sich ihren „Spielplatz" selbst zu erschließen. Sie können nicht selbst entdecken, wo oder was sie spielen wollen. In großen Städten ist es oft nicht möglich, mit dem Fahrrad allein zu einer Wiese oder einem Feld zu kommen, um dort eigenverantwortlich herumzutollen. Es gibt Spielplätze, die Bewegungsmöglichkeiten vorgeben und zu denen die Kinder mit ihren Eltern gehen, die, sich sorgend um den Nachwuchs, ihn keine Sekunde aus den Augen lassen. Das Entwickeln von Eigenverantwortlichkeit kann dadurch auf der Strecke bleiben.

Ich möchte an dieser Stelle nicht aufzeigen, wie viel besser es „früher" gewesen sein mag, sondern lediglich veranschaulichen, welch immensen Wandel die körperlichen Entwicklungsmöglichkeiten von Kindern erfahren haben.

Dazu kommt natürlich der wachsende Konsum via Fernsehen, Internet und Computer, der den Gebrauch der eigenen Fantasie zunehmend überflüssig macht.

Heute kann man bereits Tennis, Golf und Fußball per Computeranimation zu Hause im Wohnzimmer spielen und braucht nicht mehr vor die Tür zu gehen. Hier kommen nun Institutionen wie Kita, Schule und Verein zum Tragen!

Wir sollten uns dieser Entwicklungen unbedingt bewusst sein, wenn wir mit Kindern im Bereich Bewegung und Sport arbeiten. Es sollte dabei nicht nur um den Aspekt der Bewegung gehen, sondern ebenso um die Förderung von Eigeninitiative, Eigenverantwortung, Vertrauen und Kreativität.

Der kreative Kindertanz bietet uns optimale Möglichkeiten, an diese Defizite spielerisch und mit Spaß heranzugehen.

1.7 Der Einsatz von Musik im Kindertanzunterricht

Sich nach Musik zu bewegen, ist nicht ohne Grund ein seit Hunderten von Jahren bestehendes Bedürfnis der Menschen. Die Musik kann uns tragen und führen, manchmal sogar alles andere vergessen machen. Deshalb ist es so schön, sie zu nutzen, um Kinder in Bewegung zu bringen.

Musik kann durch ihre verschiedenen emotionalen Qualitäten Fantasiebilder in uns erwecken. Sie kann in uns ein Bild von Wasser und Wellen entstehen lassen, oder von einer matschigen Landschaft, durch die wir mit schweren Schritten hindurchwaten müssen. Diese Fähigkeit der Musik können wir einsetzen, um Kinder in der Entwicklung ihrer Fantasie, Vorstellungskraft und Bewegungsfreude zu unterstützen und ihnen die Scheu vor diesem ungewohnten Umgang mit ihrem Körper zu nehmen.

Musik kann natürlich auch durch ihre Rhythmik und ihre Metren bestimmte Bewegungsqualitäten des Körpers unterstützen.

Unter *Bewegungsqualitäten* versteht man z. B. schnell/langsam, hart/weich, groß/klein, schwer/leicht. Wenn der Körper diese Begriffe in Bewegung umsetzen soll, so unterstützt ihn dabei die Musik, indem sie durch ihre Beschaffenheit die Art der Bewegung untermalt und fördert.

Kinder nehmen diese Unterstützung unbewusst auf und können sich von der Musik tragen und mitreißen lassen. So verinnerlichen sie spielerisch verschiedenste Bewegungsqualitäten und -abläufe, die im Körper abgespeichert werden. Später können wir als Tanzlehrer z. B. für fertige Tanzchoreografien auf diese abgespeicherten Bewegungsqualitäten zurückgreifen.

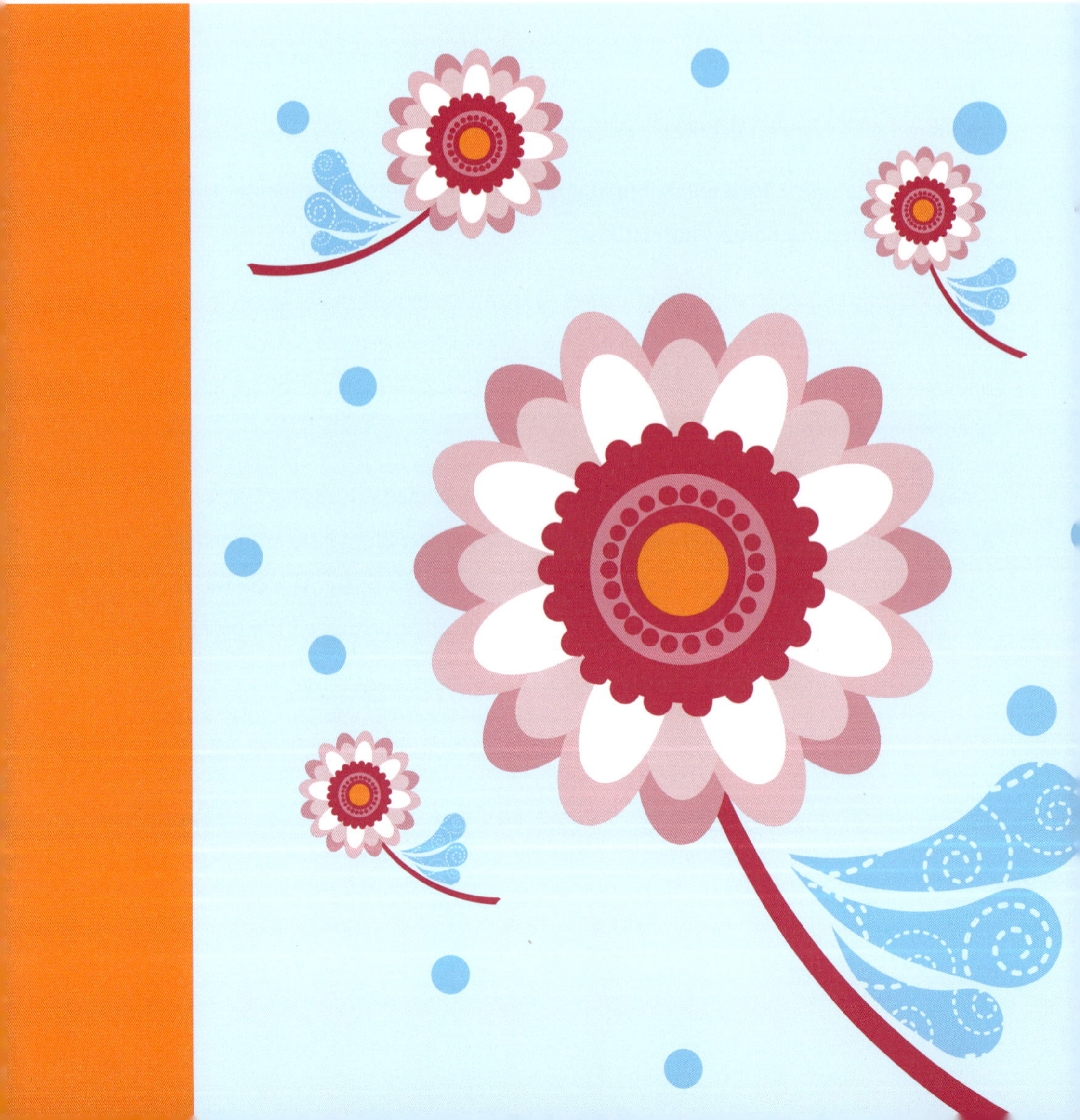

KAPITEL 2

PRAKTISCHE STUNDENINHALTE UND ÜBUNGEN

2.1 Verse und Sprüche

Verse und Sprüche können innerhalb der Stunde zum Stundenbeginn oder Stundenabschluss als ritualisierte Begrüßungen oder Verabschiedungen eingesetzt werden. Sie können aber auch zur sprachlichen Untermalung gezielter Übungen oder Erwärmungen verwendet werden. Mit dem Einsatz von Sprüchen und Versen und damit der Sprache als Instrument kann, ohne großen Aufwand, das Rhythmusgefühl der Kinder geschult werden. Die Kinder können sich Bewegungsabläufe durch den gleichzeitigen Einsatz von Sprache schneller und langfristiger einprägen. Diese Schulung des Merkvermögens ist auch für das spätere Lernen und Einprägen von Choreografieabläufen wichtig und hilfreich.

2.1.1 Verse und Sprüche zum Stundenbeginn und -abschluss

„Kopf hoch und schütteln"

Körperübung, um vom Sitz in den Stand zu gelangen, zur punktuellen Körpererwärmung sowie zur Koordination.

Dieser Vers eignet sich besonders gut für den Stundenbeginn, da man mit ihm von der sitzenden Anfangsposition im Kreis schnell in den Stand kommen kann.

Die Kinder sitzen im Schneidersitz im Kreis. Die Köpfe sind nach unten geneigt.

Sprache	Bewegungsfolge
Kopf hoch und schütteln, Schultern hoch und rütteln, Hände hoch und fallen lassen, und dann auf die Knie fassen.	Hierbei der Sprache mit der Bewegung folgen!
Rechtes Bein und linkes Bein	Beine nacheinander aufstellen.
steigen in den Fahrstuhl ein,	In die Hocke kommen.
drücken auf den Knopf ganz oben,	Mit Zeigefinger nach oben in die Luft drücken.
und dann werden wir hochgezogen,	Von der Hocke in den Stand hochkommen.
Tür geht auf.	Mit Armen bzw. Händen eine Geste „Tür öffnet sich" machen.
Wir steigen aus,	Einen Schritt nach vorne machen.
und alle Kinder gehen ganz, ganz schnell nach Haus.	Alle laufen kurz durcheinander.
1, 2, 3 sind alle Kinder im Kreis wieder dabei.	Alle kommen im Kreis wieder zusammen und fassen sich an den Händen.

„1, 2, 3, 4 - Krabbeltier"

Alle Kinder sitzen im Schneidersitz im Kreis.
Die Hände werden flach zur Kreismitte gehalten mit den Handflächen nach unten.
Nun sind wir bereit. Alle sprechen gemeinsam die Sätze und führen die Bewegungen dazu aus.

Sprache	Bewegungsfolge
1, 2, 3, 4 – Krabbeltier	Wir klopfen bei den Zahlen 4 x auf den Boden und trommeln mit den Fingern auf den Boden zu „Krabbeltier" (ein „Krabbelgeräusch entsteht).

5 und 6 – alte Hex	Wir klopfen zu 5 und 6 mit den Händen auf den Boden und reiben uns mit einem Hexenlachen die Hände zu „alte Hex".
7 und 8 – gut gemacht	Wir klopfen zu 7 und 8 mit den Händen auf den Boden und geben uns selbst laut Applaus mit den Händen zu „gut gemacht".
9 und 10 – aufsteh'n	Wir klopfen zu 9 und 10 mit den Händen auf den Boden – es gibt eine lange Pause vom ÜL – auf „aufsteh'n" versuchen wir, so schnell es geht aufzustehen.

2.1.2 Verse und Sprüche für den ersten Erwärmungsbaustein im Kreis

Sprache	Bewegungsfolge
Alle Arme fallen nach unten.	Hände im Kreis loslassen und fallen lassen.
Alle gehen einen Schritt zurück.	Alle gehen einen Schritt rückwärts aus dem Kreis heraus.
Alle stehen ganz schief und krumm.	Alle gehen in eine gebeugte, schiefe Körperhaltung.

„Jetzt bauen wir zusammen die Tänzerposition!"

Die Beine werden gerade.	Beine strecken.
Die Füße rücken nebeneinander.	Füße in parallele, geschlossene Position bringen.
Jetzt werden wir größer.	Den Oberkörper aufrollen.
Die Schultern setzen wir obendrauf.	Schultern hochziehen, leicht nach hinten drehen, Dekolleté öffnen, Schultern wieder fallen lassen.

Und nun schießen wir den Tanzfaden an die Decke.	Mit Zeigefinger vom Scheitel nach oben zur Decke schießen als imaginären Tanzfaden, der dann an der Decke befestigt ist (ein Geräusch dazu machen!).

Hier können Sie den Kindern die Frage stellen, ob der Tanzfaden auch richtig fest an der Decke befestigt ist. Dies lässt das Bild in der Fantasie der Kinder noch realer werden und sie können so den gewünschten Effekt, eine gerade Körperhaltung, besser umsetzen.

1. Tanzfadentest: Der Faden zieht uns auf die Zehenspitzen.	Mit den Kindern auf den Zehenspitzen gehen und die Balance halten.
2. Tanzfadentest: Die Arme sind auf der Seite und ein Fuß zeigt zur Mitte in die Luft, ohne umzufallen. Denk dran, der Faden hält dich fest!	Die Arme werden 90° seitlich gehalten und ein Fuß zeigt gestreckt zur Kreismitte – ebenfalls die Balance halten. Dann den anderen Fuß zur Mitte strecken.

Sie können sich während der Tanzstunde in Bezug auf die Körperhaltung der Kinder immer wieder auf diesen Tanzfaden beziehen. So können Sie die Kinder immer wieder auf eine gerade Körperhaltung hinweisen.

Dies gilt ebenfalls für Übungen zur Balance – auch hier können Sie den „Tanzfaden", der uns festhält wie eine Marionette, als imaginäre Hilfestellung heranziehen.

Zu all den oben beschriebenen Bewegungsabläufen können Sie zusätzlich zur Sprache auch Geräusche einbauen.

Z. B.:

- Wenn wir schief und krumm stehen: ein Geräusch mit der Stimme erzeugen, das unser „Zusammenfallen" untermalt.
- Wenn wir auf die Zehenspitzen hochgezogen werden: ein leises Pfeifen.
- Das Schießen des Tanzfadens mit einem zischenden Geräusch untermalen.

„Im Kreise geh'n"

Eine Übung für den Stundenbeginn und zum Kennenlernen

Alle Kinder stehen im Kreis.

Im Kreise geh'n, im Kreise geh'n	Alle Kinder gehen im Kreis und singen bzw. sprechen den Text.
und dann bleiben alle steh'n.	Alle Kinder bleiben stehen und drehen sich zur Kreismitte.
Das ist der Riese Timpetu.	Alle Kinder ziehen die Arme hoch und gehen auf Zehenspitzen – sie machen sich ganz groß.
Und wer bist du?	Eines nach dem anderen kommen die Kinder an die Reihe und werden angesehen.
Ich bin ...	

Bei dieser Übung wird die Kreativität der Kinder gefordert und gefördert, sowie der Versuch unternommen, Hemmungen der Kinder abzubauen.

„Groß und Klein"

Die Kinder stehen im Kreis. Alle sprechen gemeinsam die Sätze mit und führen die Bewegungen dazu aus.

Sprache	Bewegungsfolge
Erst ganz groß und dann ganz klein –	Wir strecken uns auf Zehenspitzen. Wir gehen in die Hocke und machen uns ganz klein.
wir stehen jetzt auf einem Bein.	Stehen auf einem Bein.
Kerzengerade und ganz	Wir stehen ganz gerade und lang.
krumm –	Wir machen uns ganz krumm und schief.
wir drehen uns im Kreis herum.	Wir drehen uns einmal um die eigene Achse.

Arme hoch und Arme seit – wir machen uns zum Sprung bereit.	Arme gestreckt nach oben und zur Seite. Wir gehen ins Plié mit Händen auf den Knien.
Zählen 1, 2, 3 und 4 – tja, immer noch steh'n wir hier.	Wir zählen laut mit und bleiben in der Pose.
Zählen 5, 6, 7 und 8 – haben immer noch keinen Sprung gemacht.	Wir zählen laut mit und bleiben in der Pose.
Zählen nun noch 9 und 10 – um jetzt in die Luft zu geh'n!	Wir zählen laut mit und machen aus dem Plié einen hohen Strecksprung!

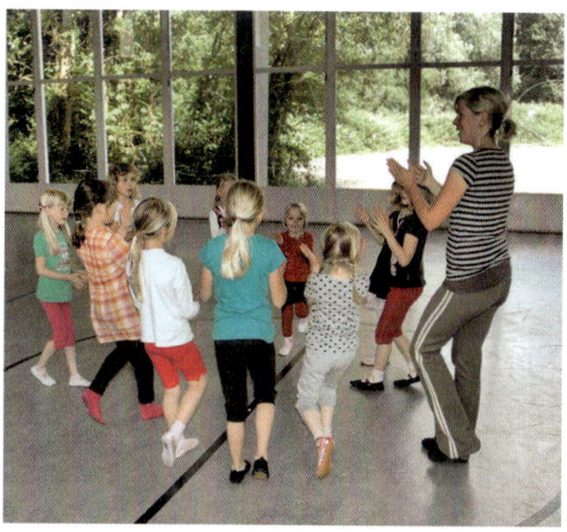
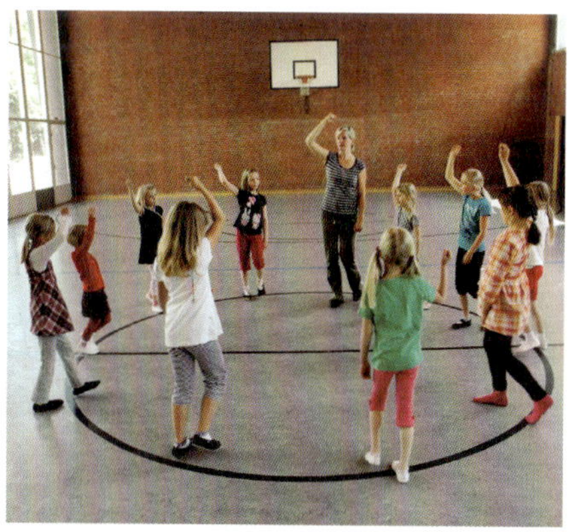
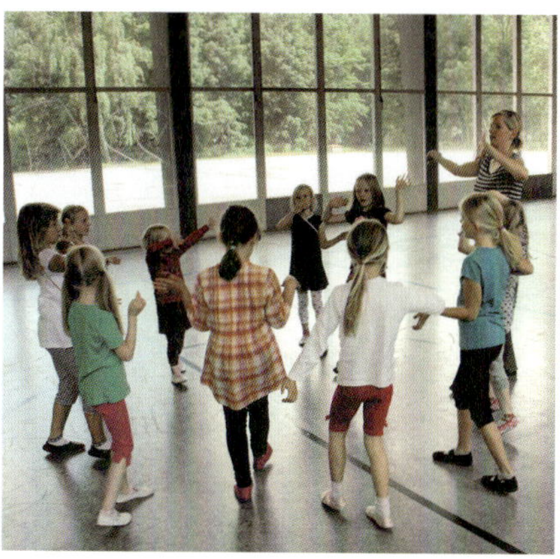
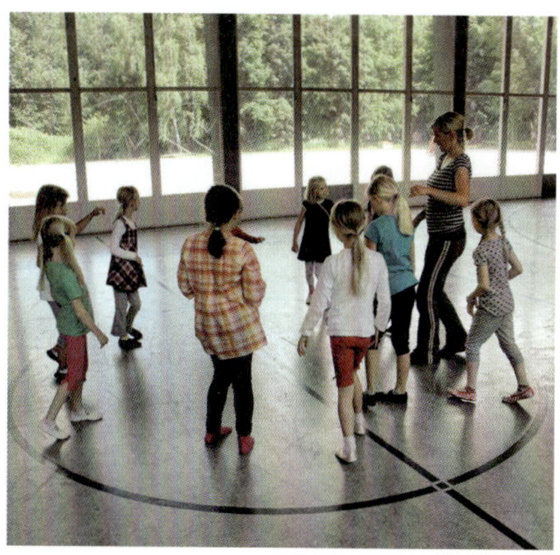

„Zappelphilipp und Zimperliese"

Eine Übung zur punktuellen Erwärmung und zur Koordinationsschulung

Alle Kinder stehen im Kreis und müssen sich paarweise zusammenfinden. Die Paare stehen nebeneinander. Die Lehrperson geht nun reihum und teilt ein, welches Kind Zappelphilipp und welches Kind Zimperliese ist.

Zappelphilipp	Die „Zappelphilipp-Kinder" zappeln 1 x kurz.
und Zimperliese	Die „Zimperliesen-Kinder" verschränken die Arme vor der Brust (beleidigt!).
sitzen zusammen auf einer Wiese.	Beide Kinder rücken ganz eng nebeneinander (im Stand).
Zappelphilipp fällt in ein Loch.	Die „Zappelphilipp-Kinder" hüpfen in die Kreismitte und kommen in die Hocke.
Zimperliese sitzt da immer noch.	Die „Zimperliesen-Kinder" gehen an ihrem Platz in die Hocke.

Bei dieser Übung spricht die Lehrperson den Text.

Die Kinder müssen auf die entsprechenden Worte bzw. Kommandos mit den dazugehörigen Bewegungen reagieren (Zappelphilipp = zappeln). Die Aufmerksamkeit der Kinder sowie die Fähigkeit, Worte schnell in Bewegungen umzusetzen, werden dabei gefordert und gefördert. Nun wird stetig das Tempo der Übung gesteigert. Die Lehrperson spricht den Satz immer schneller und die Kinder müssen immer schneller reagieren. Dann können die Rollen (Zappelphilipp und Zimperliese) gewechselt werden.

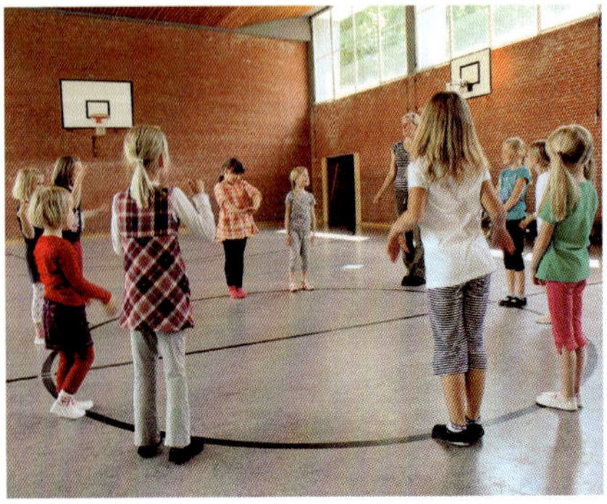

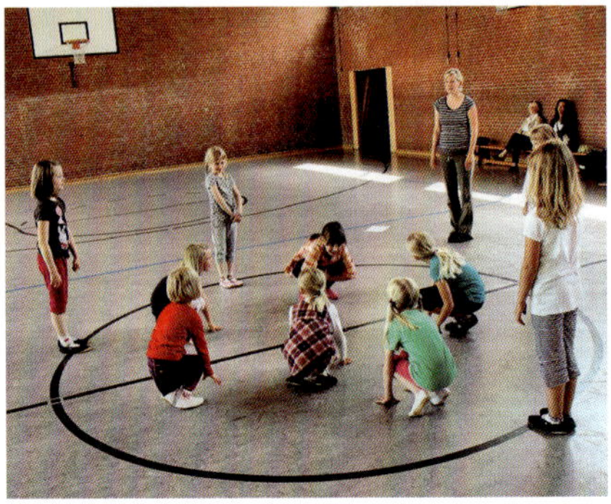

„Tänzergruß"

Alle Kinder stehen im Kreis. Es werden alle Sätze gemeinsam gesprochen und die Bewegungen dazu durchgeführt.

Sprache	Bewegungsfolge
Linker Fuß und rechter Fuß –	Wir zeigen unsere spitzen, gestreckten Füße nacheinander zur Kreismitte.
wir machen jetzt den Tänzergruß.	Wir verbeugen uns ganz tief zueinander bzw. zur Kreismitte. (Man kann auch einen Knicks machen!)
Rechtes Bein und linkes Bein –	Wir strecken unsere langen Beine nacheinander zur Kreismitte. (Man kann die Beine auch angewinkelt hochheben!)
wir machen uns jetzt klitzeklein.	Und gehen runter in die Hocke, um uns ganz klein zu machen.
Rechte Hand und linke Hand –	Wir strecken unsere Arme/Hände lang zur Kreismitte.
wie ein Hase (...) durch das Land.	Wir hoppeln wie ein Hase alle durch den Raum.
	Auf das Kommando des ÜL finden sich alle Kinder wieder im Kreis ein.
	Die ganze Übung kann nun wiederholt werden und am Schluss mit verschiedenen Tieren beendet werden.

2.1.3 Verse und Sprüche zur Einführung von Takt und Rhythmus

„Der Riese Bollefakt"

Eine Übung zur punktuellen Erwärmung sowie zur Koordinationsschulung und zur Einführung des Takts

Alle Kinder stehen im Kreis. Die Lehrperson spricht den Text. Die Kinder können und sollen mitsprechen, wenn sie den Vers kennen.

Das ist der Riese Bollefakt.	Alle Kinder machen eine große Verbeugung zur Kreismitte.
Der geht sehr gerne ganz exakt.	Alle Kinder gehen im gleichen Takt bzw. Tempo am Platz. Stampfen zur Sprache beim Gehen mit den Füßen laut auf.
Und eins und zwei und eins und zwei. In die Hände klatscht er auch dabei. Und eins und zwei und eins und zwei. Er stampft auch ganz fest auf dabei. Und eins und zwei und eins und zwei. Er dreht sich auch im Kreis dabei. Und eins und zwei und eins und zwei. Er kreist auch mit Armen gern dabei. Und eins und zwei und eins und zwei.	Alle Kinder folgen nun der Sprache im gleichen Tempo und Taktmaß.
(...)	Andere Ideen und Möglichkeiten können nun gemeinsam gefunden werden.
So geht der Riese Bollefakt sehr gerne immer ganz exakt – das nennen wir ganz gerne **Takt**.	Alle Kinder gehen wieder im gleichen Tempo am Platz zur Sprache und schließen die Übung mit dem letzten Satz ab.

Es ist wichtig für das Takt- und Rhythmusgefühl der Kinder, den Vers mit der Zeit selbst mitzusprechen. Dabei wird gleichzeitig auch ihre Koordinationsfähigkeit gefordert und gefördert.

„Das Mäuschen Pinkepank"

Eine Übung zur punktuellen Erwärmung sowie zur Koordinationsschulung und zur Einführung des Rhythmus

Alle Kinder stehen im Kreis. Die Lehrperson spricht den Text allein oder gemeinsam mit den Kindern.

Da kommt das Mäuschen Pinkepank mit schnellen Trippelschritten angerannt.	Alle trippeln mit schnellen, kleinen Schritten auf der Stelle, während sie den Vers sprechen.
Sie trippelt rechts und trippelt links. Sie trippelt vor und dann zurück. Dann trippelt sie im Kreis vor Glück. Sie trippelt schnell und trippelt langsam dann. Und fängt dann schnell von vorne an. Wiederholung von „trippelt rechts (...)".	Die Kinder folgen nun mit ihren Trippelschritten dem Vers.
Das ist das Mäuschen Pinkepank, das immer unterschiedlich trippeln muss – das nennen wir ganz gerne **Rhythmus**.	Alle trippeln wieder auf der Stelle und werden dabei stetig langsamer, bis sie schließlich zum Stehen kommen – sie beenden die Übung mit dem letzten Satz.

Die Übung „Der Riese Bollefakt" und die Übung „Das Mäuschen Pinkepank" erläutern durch die praktische Ausführung den Takt und den Rhythmus, sowie den Unterschied zwischen beiden. Deshalb können diese beiden Übungen nach einiger Zeit sehr gut miteinander kombiniert werden.

Beispiel:

Die Kinder werden in zwei Gruppen geteilt. Die eine Hälfte sind „die Riesen", die andere Hälfte sind „die Mäuschen". Nun lässt man „die Riesen" in einem langsamen, gleichmäßigen Tempo durch den Raum stampfen. Sie geben so den Takt an. „Die Mäuschen" dürfen mit kleinen, schnellen Trippelschritten ebenfalls zunächst frei durch den Raum trippeln. Sie geben den schnelleren Rhythmus dazu.

Variation:
Die Kinder bilden mit ihren zwei Gruppen zwei Kreise. „Die Riesen" stehen im äußeren Kreis und „die Mäuschen" stehen im inneren Kreis. „Die Riesen" gehen außen in ihrem langsamen, gleichmäßigen Tempo und „die Mäuschen" trippeln im inneren Kreis, wenn möglich, in die entgegengesetzte Richtung, in ihrem schnelleren Tempo. So wird gleichzeitig die Koordinationsfähigkeit der Kinder geschult.

„Tuff, tuff, die Eisenbahn"

Alle Kinder bilden eine Schlange, indem sie sich an die Hände nehmen.
Der ÜL führt die Schlange an.

Alle gehen im gleichen Rhythmus durch den Raum und sprechen die Sätze im gleichen Takt und Rhythmus zusammen.

Immer, wenn die Eisenbahn stehen bleibt mit einem lauten „Quietsch!" und wir hinaus sehen, verwandeln wir uns in das, was wir draußen sehen.

Vers:

„Die Eisenbahn, die Eisenbahn, die will mit uns durchs Land heut fahr'n,
tuff, tuff, tuff und ratter, ratter
immer schneller mit Geknatter.
Quietsch!!! (Alle rufen dieses Quietsch ganz laut und bleiben steh'n.)
Nun bleibt sie steh'n!
Nun wollen wir nach draußen seh'n!

Oh, da fliegen lauter Schmetterlinge!

Hier können nun verschiedenste Tierarten für weitere Durchläufe eingefügt werden:

- die Affen springen,
- die Mäuse trippeln,
- die Kinder tanzen,
- die Pferde trappeln,

- die Diebe schleichen,
- etc.

Die Übung wird ohne Musik durchgeführt, um das gemeinsame Rhythmusgefühl zu schulen!

2.1.4 Verse und Sprüche zur Schulung der Koordination und der Raumwahrnehmung

„Der Riese Timpetu und das Mäuschen Lillebru"

Eine Übung zur punktuellen Erwärmung sowie zur Wahrnehmung von Raumebenen (hoch, mittig, tief), Koordination und Balance

Diese Verse können von der Lehrperson beliebig ausgeweitet werden, um auch andere Lernziele darin unterzubringen.

Alle Kinder stehen im Kreis. Die Lehrperson spricht jeweils den ersten Text und macht die erste Bewegung dazu. Dann werden die Kinder zur Wiederholung aufgefordert: „Und jetzt du!" Die Kinder wiederholen anschließend den Satz und führen die Bewegung dazu aus.

Riesig ist der Riese Timpetu.	Die Lehrperson zieht die Arme nach oben und geht auf den Zehenspitzen.
Und jetzt du: Riesig ist der Riese Timpetu.	Die Kinder wiederholen den Satz und die Bewegung.
Winzig klein ist Mäuschen Lillebru.	Die Lehrperson zieht sich ganz klein in der Hocke zusammen.
Und jetzt du: Winzig klein ist Mäuschen Lillebru.	Die Kinder wiederholen den Satz und die Bewegung.
Auf einem Bein steht der Riese Timpetu.	Die Lehrperson zieht ein Bein hoch und hält die Balance.

2

Und jetzt du: Auf einem Bein steht der Riese Timpetu.	Die Kinder wiederholen den Satz und die Bewegung.
Von einem Bein aufs andere hüpft Mäuschen Lillebru.	Die Lehrperson hüpft von einem Bein aufs andere, in einer seitlichen Bewegung.
Und jetzt du: Von einem Bein aufs andere hüpft Mäuschen Lillebru.	Die Kinder wiederholen den Satz und die Bewegung.
Im Kreis dreht sich der Riese Timpetu.	Die Lehrperson macht eine einfache Drehung um sich selbst auf beiden Füßen.
Und jetzt du: Auf einem Bein steht Riese Timpetu.	Die Kinder wiederholen den Satz und die Bewegung.
usw.	usw.
Die Ideen der Kinder können im weiteren Verlauf mit einbezogen werden!	

„Zwischen uns, da ist ein Graben!"

Ein Vers zur Untermalung einer Dehnungsübung

Diese Übung kann gut gegen Ende des Stundenablaufs, im „Dehnungsbaustein" (siehe Kap. 3 „Das Baukastenprinzip"), eingefügt werden.

Alle Kinder stehen im Kreis. In Paaren wenden sie sich nun zueinander, sodass sie sich gegenüberstehen. Die Kinder sollen möglichst alle Sätze des Verses während der Übung mitsprechen.

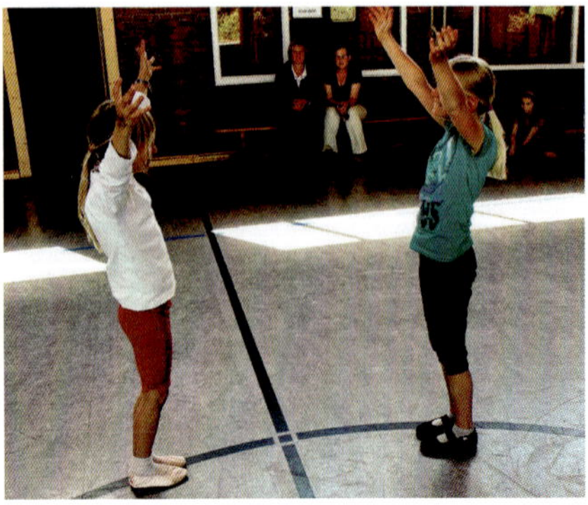

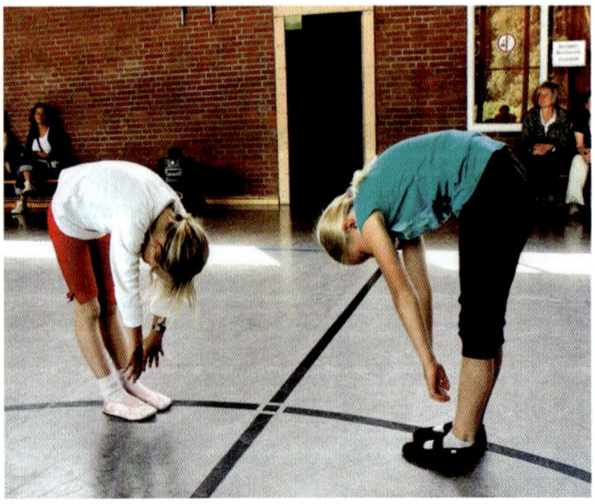

„Oh!"	Die Kinder machen einen erschrockenen Ausruf und zeigen zwischen sich.
Zwischen uns, da ist ein Graben!	Die Kinder sprechen erschrocken den Satz.
Na, dass werden wir gleich haben.	Die Kinder zucken die Schultern.
Arme hoch!	Die Kinder strecken die Arme lang nach oben.
Nach vorne zueinander beugen!	Die Kinder beugen die Oberkörper mit den ausgestreckten Armen um 90° zueinander.
Hände fassen, ohne loszulassen!	Die Kinder können nun ihre Hände anfassen. Ihre Oberkörper und Arme bilden eine Linie.
Und dann strecken wir den Rücken!	Die Kinder sollen auf ihren Rücken achten, sodass die Wirbelsäule gestreckt ist.
Ist doch klar – so baut man Brücken!	Die Kinder halten die Position und sprechen den Satz – es findet eine Dehnung im Rücken sowie an der Rückseite der Beine statt.
Geht die Brücke dann entzwei,	Die Kinder lösen die Hände und ihre Oberkörper fallen nach unten – die Hände sollen dabei versuchen, die Füße zu berühren, sodass die Dehnung verstärkt wird.
na, dann bauen wir eben neu!	Die Kinder rollen die Oberkörper langsam auf, ziehen die Arme wieder nach oben und sprechen dabei den Satz langsam mit. Dann beugen sie wieder die Oberkörper um 90° zueinander und kommen erneut in die „Brückenposition".

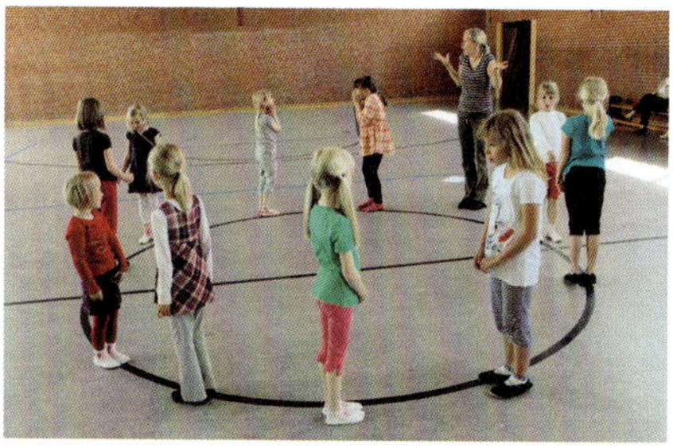

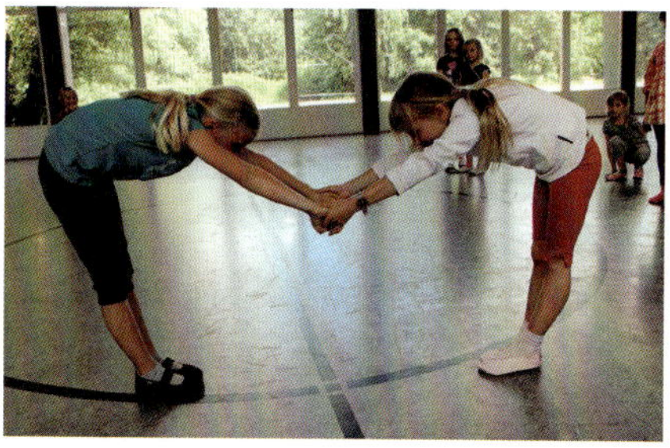

„Ist es wirklich schon so spät?"

Ein Vers zur Verabschiedung der Kinder im Kreis

Alle Kinder sitzen am Ende der Stunde im Kreis.

„Ist es wirklich schon so spät?
Wie schnell doch heut die Zeit vergeht!
Unsere Stunde ist jetzt aus.
Und alle Kinder geh'n nach Haus!"

„Auf Wiederseh'n, auf Wiederseh'n"

Ein Vers zur Verabschiedung der Kinder im Kreis

Alle Kinder sitzen am Ende der Stunde im Kreis.

„Auf Wiederseh'n, auf Wiederseh'n
und bleibt mir alle fit.

Und nächste Woche sehen wir uns wieder
und alle tanzen mit!"

2.2 Übungen zur ersten Erwärmung im Kreis

Bei diesen Übungen handelt es sich zum Teil um einfache, kleine Exercises aus dem klassischen Ballett, die in kindgerechte Bilder und Formen verpackt sind. Sie dienen zur ersten, punktuellen Erwärmung des Körpers sowie zum geistigen Ankommen der Kinder in der Tanzstunde.

Innerhalb dieser Übungen werden Knie- und Fußgelenke, Schultergelenke sowie die Bein- und Armmuskulatur für den weiteren Verlauf der Stunde erwärmt.

2.2.1 „Der Wolkentanz"

Pliés und Armpositionen aus dem klassischen Ballett

Zu dieser Übung sollte eine Musik im Dreivierteltakt ausgewählt werden, da sich die Kinder zwischendurch im Walzerschritt bewegen.

Die Kinder stehen, nach dem Begrüßungsbaustein, im Kreis zusammen.

Das Bild

Die Kinder verwandeln sich in „Wolkenkinder". Diese bestehen aus dicken, weißen Wolken und können sich in unterschiedliche Formen bringen. Sie können ganz dick oder ganz dünn werden, oder aber ganz lang und ganz klein.

Jedes Wolkenkind steht auf seiner eigenen kleinen Wolke, mit der es nach oben und nach unten fahren kann.

Anfangsposition

Die Wolkenkinder stehen auf ihrer Wolke in der ersten Position (klassisches Ballett: Fersen aneinander, Fußspitzen zeigen nach außen).

Sie haben bereits dicke Wolkenbäuche, indem sie die Arme in die erste Armposition bringen (klassisches Ballett: Arme in gerundeter Position vor dem Körper, die Hände zeigen zueinander, s. Kap. 2.7 „Klassisches Ballett").

Die Musik setzt ein

Die Kinder fahren mit ihrem dicken Wolkenbauch auf ihrer Wolke eine Etage nach unten (Demi Plié) auf vier Zählzeiten.

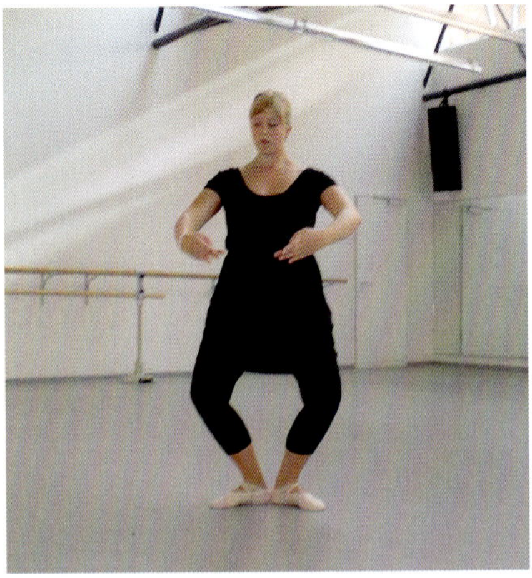

Dann fahren sie wieder hoch in die vorherige Position.

Sie heben nun ihren Wolkenbauch über den Kopf (dritte Armposition klassisches Ballett) und fahren dann auf ihrer Wolke eine Etage höher (ins Relevé, klassisches Ballett – Position auf Zehenspitzen).

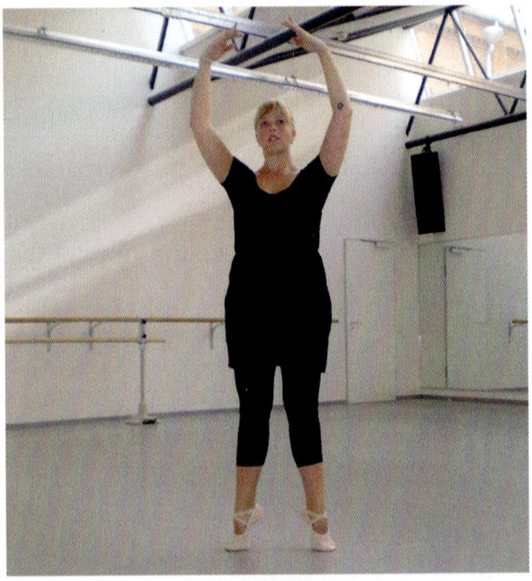

Von da aus lassen sie ihren Wolkenbauch etwas auseinanderfließen, indem sie die Arme auf die Seiten bringen (zweite Armposition, klassisches Ballett).

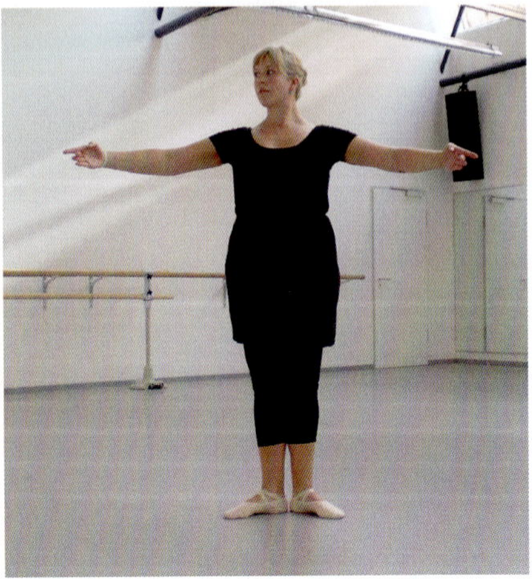

Dann sammeln sie ihren Wolkenbauch wieder ein und bringen ihn wieder in die Anfangsposition (erste Armposition, klassisches Ballett).

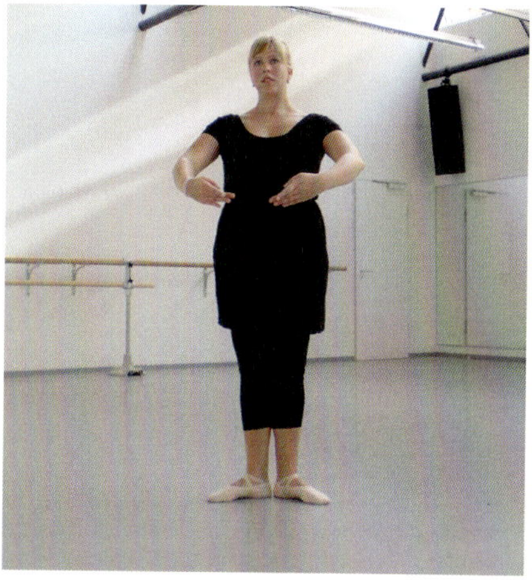

Dann dürfen die Wolkenkinder am Himmel tanzen. Dies tun sie im Dreivierteltakt der Musik mit langen Armen und Beinen.

Die Wolkenkinder kommen dann wieder in der Anfangsposition zum Stehen.

Dann beginnen sie ihren Wolkentanz von vorne, solange die Musik läuft.

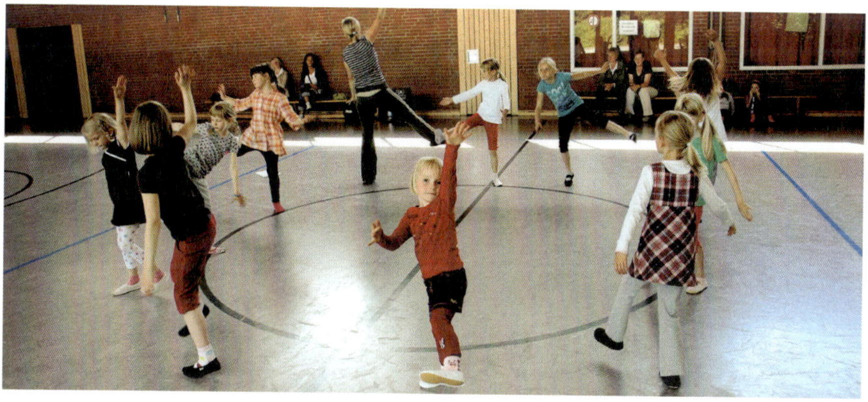

2.2.2 „Wir malen mit den Füßen"

2

Übung zur Streckung der Füße sowie Tendus und Pointés aus dem klassischen Ballett zur Erwärmung der Füße und Fußgelenke

Die Kinder stehen im Kreis zusammen. Die Füße sind in der geschlossenen, parallelen Position.

Das Bild

Die Kinder haben verschiedene Farben vorne an ihren Fußspitzen, mit denen sie auf dem Boden malen können. Dazu müssen sie ihre Füße strecken, sodass sie mit ihren Fußspitzen den Boden erreichen können.

Zunächst sollte man die Übung ohne Musik ausführen. Später, nachdem die Kinder die Übung kennen, kann man sie zu einer Musik im Viervierteltakt ausführen.

Ablauf

Wir malen zuerst mit einem Fuß einen langen Strich nach vorne (Tendu, klassisches Ballett).

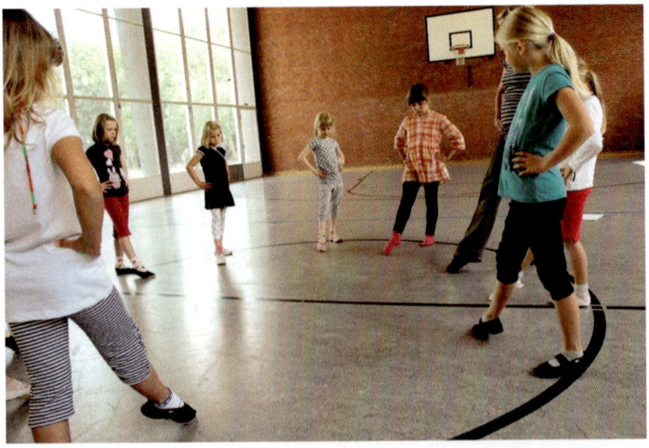

Dann malen wir mit diesem Fuß an der Stelle, wo wir vorne angekommen sind, kleine Tupfer auf den Boden (Pointé, klassisches Ballett).

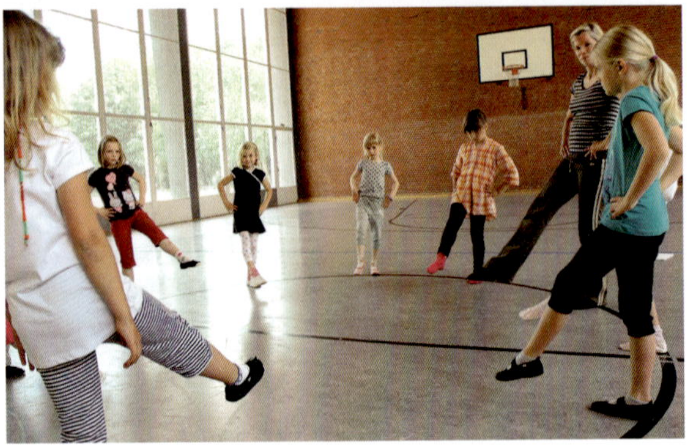

Dann ziehen wir den Fuß wieder zurück und malen das Gleiche mit dem anderen Fuß. Beide Seiten sollten mehrmals wiederholt werden. Dann dürfen die Kinder mit ihren Füßen frei auf dem Boden malen. Sie dürfen sich nur nicht von ihrem Platz wegbewegen.So haben wir eine Übung zum Stand- und Spielbein sowie zur Balance. Wenn die Kinder mit dem sogenannten *Spielbein* malen, müssen sie mit dem Standbein die Balance halten.

Standbein: Das Bein, auf dem man steht bzw. auch dreht bei einer Drehung.

Spielbein: Das Bein, das arbeitet, z. B. wird es in eine Arabesque im klassischen Ballett hochgezogen.

2.2.3 „Wir spitzen unsere Füße"

Übung zur Streckung der Füße

Alle Kinder sitzen im Kreis. Die Beine sind lang ausgestreckt und die Füße eng nebeneinander.

Das Bild

Unsere Füße sind wie Bleistifte, die wir anspitzen müssen. Unsere Hände sind die Anspitzer.

Ablauf

Mit unseren Anspitzern fahren wir über die Füße und die werden dadurch immer spitzer, das heißt, wir strecken unsere Füße, bis die Fußspitzen in Richtung Boden zeigen. Dann brechen unsere angespitzten Füße plötzlich ab. Wir bringen die Füße in eine geflexte Position, d. h., wir ziehen die Fußspitze in Richtung Decke. Dann müssen wir wieder von Neuem anspitzen. Diese Übung sollte mehrmals wiederholt werden! Weitere Übungen für den ersten Erwärmungsbaustein im Kreis finden Sie in Versformen in Kap. 2.1., „Verse und Sprüche".

Beispiele:

- „Der Riese Bollefakt"
- „Der Riese Timpetu und Mäuschen Lillebru"

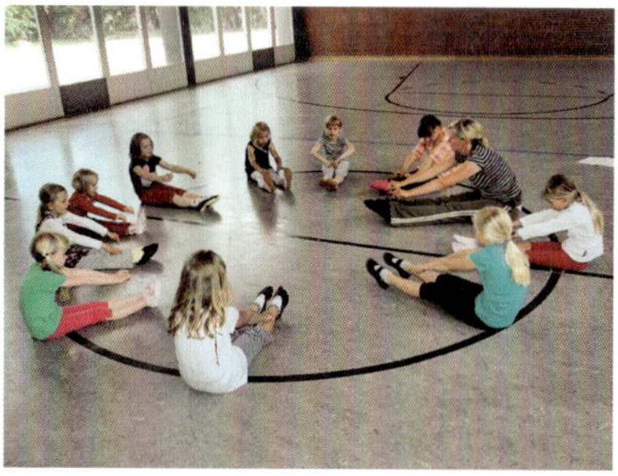

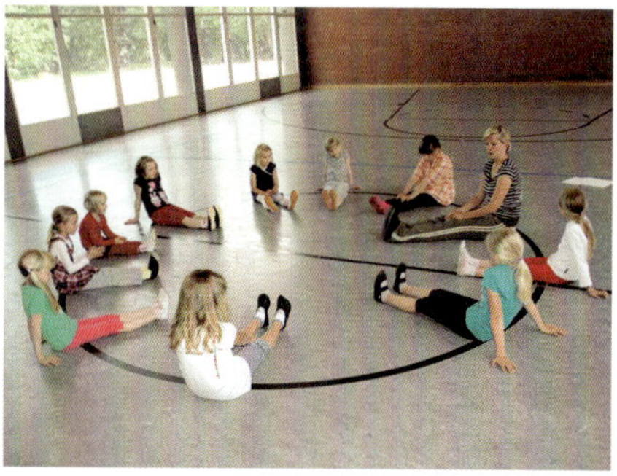

2.3 Bewegungsarbeit und Improvisation

2.3.1 Bewegungsarbeit und Improvisation mit Objekten

Innerhalb dieser Improvisation geben wir den Kindern zunächst Gegenstände an die Hand, die bestimmte Bewegungsqualitäten, wie leicht/schwer, hart/weich etc., vorgeben und veranschaulichen sollen.

Objekte, die wir dafür verwenden können, sind beispielsweise:

- leichte Chiffontücher oder
- bunte Säckchen.

Diese beiden Objekte veranschaulichen die Bewegungsqualitäten „leicht und schwer" in ihrer Gegensätzlichkeit und sind in vielen Turnhallen bzw. Schulen oder Kindergärten vorhanden.

Beispielhafte Anleitung

Wir stehen mit den Kindern im Kreis. Jedes Kind erhält zunächst ein Säckchen in die Hand. Die Lehrperson stellt die Frage: „Was passiert, wenn ich das Säckchen von oben nach unten fallen lasse?" Die zu erwartende Antwort: „Es fällt schwer nach unten auf den Boden!" Nun sollen die Kinder dies mit ihren Säckchen ausprobieren. Anschließend legen sie die Säckchen auf die Seite und probieren diese Bewegungsqualität mit ihrem Körper aus.

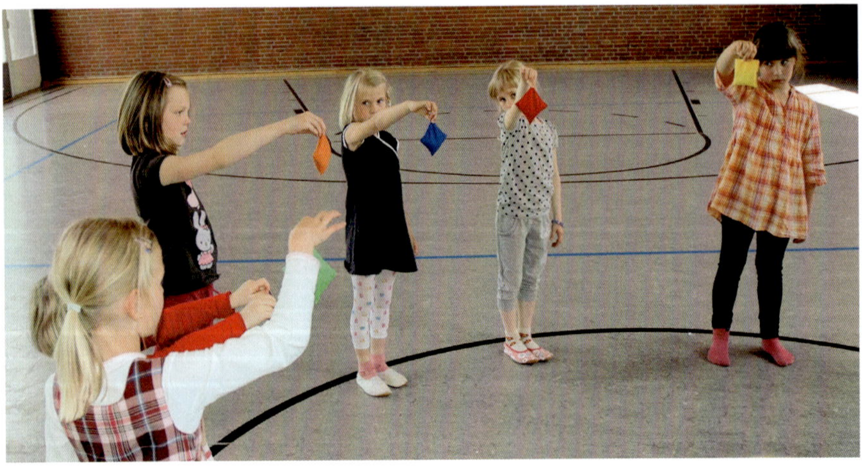

Sie können versuchen, aus dem Stand auf den Boden zu kommen und sich ein Stück weit dabei fallen zu lassen.

Nun bekommt jedes Kind eines der Chiffontücher in die Hand. Hier dürfen sie zunächst ausprobieren, was sie mit diesem Tuch alles machen können (in die Luft werfen, sich damit schmücken, es durch die Luft ziehen oder wirbeln etc.). Die Lehrperson stellt wieder die Frage: „Was passiert, wenn wir das Tuch zu Boden werfen?" Die zu erwartende Antwort: „Es segelt langsam zu Boden!"

Wieder probieren die Kinder diesen Vorgang zunächst mit dem Tuch selbst aus, um dies dann noch einmal mit ihrem Körper nachzuvollziehen. Sie versuchen, ganz langsam aus dem Stand zum Boden zu kommen und sich dabei ganz leicht zu machen. Anschließend können die Kinder mit den Objekten frei im Raum zur Musik herumtanzen, um so noch einmal ihrer Struktur und Bewegungsqualität nachzuspüren und selbst in Bewegung zu kommen. Da die Kinder dabei in die freie Bewegung gehen, gehört dies bereits zur Improvisation. Auf diese Weise können wir unterschiedliche Bewegungsqualitäten anhand von Objekten und alltäglichen Gegenständen für die Kinder anschaulicher und erfahrbarer machen.

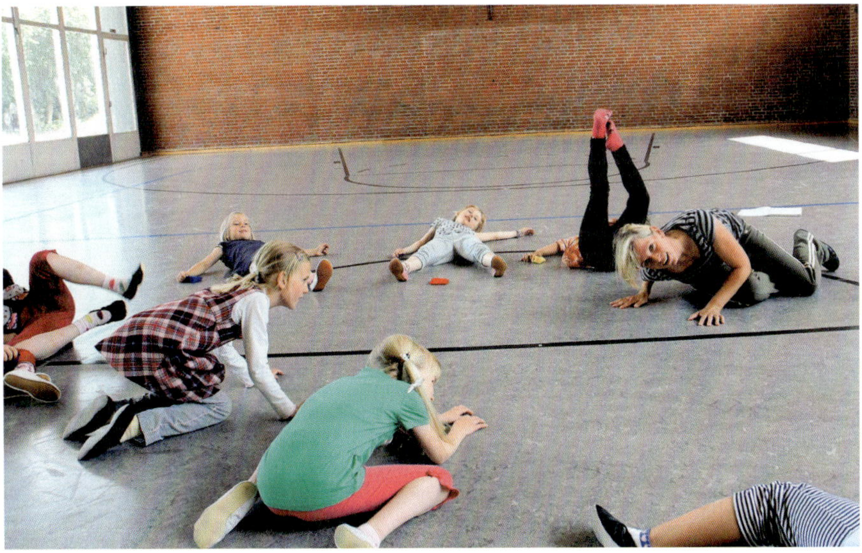

Weitere mögliche Objekte und Gegenstände:

- Kastanien,
- Herbstblätter,
- Wattebällchen,
- Toilettenpapierrollen/Küchenpapierrollen,
- Zeitungspapier oder
- Plastiktüten.

2.3.2 Improvisation mit Objekten Beispielhafte Anleitung für die Altersgruppe 4-6 Jahre, sowie teilweise 6-9 Jahre

Die Lehrperson wählt verschiedene Objekte mit zugeordneten Bewegungsqualitäten aus.

In diesem Fall

- die Zeitung = die Eile,
- die Papiertäschchen = die feine Dame,
- die Chiffontücher = die leichten Elfen,
- die kleinen Bälle = die Bewegung am Boden und
- die Säckchen = die schweren Bewegungen.

Die Bedeutung der Objekte sollte mit den Kindern jeweils einmal einzeln praktisch probiert werden, damit die Kinder dies auch wirklich verstehen!

Nun werden die Objekte im Raum auf dem Boden verteilt und ihre Bedeutung erklärt. Die Kinder werden aufgefordert, sobald die Musik beginnt, eines der Objekte zu nehmen und sich mit dem Objekt in der ihm zugehörigen Weise zu bewegen.

- Zeitung = schnelles Gehen,
- Papiertäschchen = feine, elegante Bewegungen,
- Chiffontücher = leichte, fliegende Bewegungen bzw. auch Drehungen, kleine Sprünge,
- kleine Bälle = sich am Boden fortbewegen durch rollende Bewegungen und
- Säckchen = schwere Schritte durch den Raum und/oder sich immer wieder schwer auf den Boden fallen lassen.

Wenn die Musik stoppt, müssen die Kinder ihr Objekt fallen lassen und sich schnell ein neues suchen.

Wenn die Musik wieder beginnt, sollen sie sich nun mit dem neuen Objekt in der ihm zugeordneten Weise durch den Raum bewegen.

Auf diese Weise sind die Kinder zum einen aufgefordert, sich kreativ mit dem jeweiligen Gegenstand auseinanderzusetzen und in freier Bewegung zu improvisieren, zum anderen erfahren sie mit ihrem Körper verschiedene Bewegungsqualitäten, die sie später in Choreografien schneller umsetzen können.

Mögliche Erweiterung der Improvisation für die Altersgruppe 6-9 Jahre

Die Kinder sollen sich zu zweit zusammenfinden. Ein Kind bekommt die Zeitung, deren Eigenschaft immer noch „Die Eile" ist und das andere Kind bekommt das Papiertäschchen, dessen Eigenschaft „Die feine Dame" ist.

Aufgabe/Bild

Das Kind mit der Zeitung liest diese, während es sich eilig durch den Raum bewegt. Das Kind mit dem Papiertäschchen gibt sich als feine Dame mit Täschchen und versucht, die Aufmerksamkeit des „eiligen Kindes" auf sich zu ziehen. Zunächst gelingt ihm das nicht, doch schließlich vertragen sich beide und gehen gemeinsam. Dieses Bild wird den Kindern erklärt. Dann bekommen sie Zeit, sich zu zweit dazu etwas auszudenken. Die Musik läuft dazu im Hintergrund. Wir empfehlen für diese kleine Szene Filmmusik von Charlie Chaplin (s. Musikregister im Anhang).

Wenn alle Zweiergruppen fertig sind, dann können sie ihre erfundene kleine Szene jeweils einzeln den anderen vorführen. Die Erfahrung hat gezeigt, dass Kinder Spaß daran haben, sich selbst etwas auszudenken. Der Präsentationseffekt kann Hemmungen vermindern und den Kindern durch den Applaus der anderen ein Erfolgserlebnis vermitteln.

2.3.3 Bewegungsarbeit und Improvisation anhand von Bilderbüchern

Auch hier gilt es, anhand von Bildern bzw. Geschichten die Kinder in die freie Bewegungsfindung zu bringen, sowie ihnen die Erfahrung von Bewegungsqualitäten nahezubringen.

Wir können Bilder aus einem Buch zunächst nur herausfiltern, um dadurch Bewegungen zu verdeutlichen, sowie eine Erwärmung bzw. Dehnung für den Körper zu erreichen.

Beispiel für die Altersgruppe 4-6 Jahre:

Aus dem Buch *Die Raupe Nimmersatt* von Eric Carle

Da heißt es:

„Nachts, im Mondschein, lag auf einem Blatt ein kleines Ei."

Die Kinder dürfen sich das Bild im Buch ansehen und sollen sich dann selbst auf dem Boden ganz klein zusammenrollen.

„Und als (...) die Sonne aufging, hell und warm, da schlüpfte aus dem Ei – knack – eine kleine Raupe."

Die Kinder dürfen sich zunächst das Bild im Buch ansehen und sollen sich dann aus ihrer zusammengerollten Position größer machen und sich am Boden lang ausstrecken.

„Sie machte sich auf den Weg, um Futter zu suchen."

Die Kinder sollen sich zunächst das Bild der Raupe ansehen und dann versuchen, sich wie eine Raupe auf dem Boden fortzubewegen. So haben wir mit den Kindern anhand der Bilder im Buch verschiedene Bewegungsarten und -effekte ausgeführt:

- Gegensatz klein/groß,
- Bewegungen am Boden,
- Dehnung und
- Förderung der Flexibilität der Wirbelsäule.

Die Lehrperson kann die Bilder aus dem Buch einzeln in verschiedenen Stunden beispielsweise zur Erwärmung im zweiten Baustein nutzen oder sich für jede Stunde 2-3 Seiten des Buches vornehmen und diese mit den Kindern im vierten Baustein „Tanz" durcharbeiten, bis das ganze Buch in Bewegungen der Kinder umgesetzt wurde. Daraus lässt sich dann eine kleine Bewegungsgeschichte für eine Aufführung gestalten.

Beispiel für eine Improvisation nach einem Buch für die Altersgruppe 6-9 Jahre

Hierbei geht es darum, den Kindern anhand eines Buches Improvisationsaufgaben zu geben, die sie durch ihre Bewegungsfindung lösen und dabei auch selbst kreativ tätig werden sollen.

Hierzu eignet sich das Buch *Das Schattentheater* von Michael Ende.

Darin geht es, kurz zusammengefasst, um eine Souffleuse in einem alten Theater, das geschlossen wird. An ihrem letzten Tag sammelt sie all die Schatten von alten, einst auf der Bühne gespielten Rollen, in ihre Handtasche und nimmt sie mit nach Hause. Von da an erlebt sie spannende Abenteuer mit all ihren Schatten.

Die Anteile der Geschichte sind sehr bewegungsorientiert und lassen sich schön in Bewegungen umsetzen. Jede Seite hat wunderschöne Illustrationen dazu, die ebenfalls viele schöne Bewegungsbilder anregen.

Vorgehensweise

Die Improvisationsarbeit kann innerhalb der Stunde im dritten Baustein „Improvisation" platziert werden.

Für jede Stunde können 1-2 Seiten aus dem Buch verarbeitet werden.

Dazu sollte die Lehrperson zunächst den für die Stunde geplanten Teil der Geschichte vorlesen und den Kindern die dazugehörigen Bilder zeigen.

Beispiel

Der Teil der Geschichte, in dem die Souffleuse zum letzten Mal in ihrem Theater ganz alleine sitzt und plötzlich all die Schatten der gespielten Rollen auf der Bühne erscheinen.

Die Improvisationsaufgabe

Erste Variante

Die Kinder sollen sich eine der Rollen bzw. einen Schatten aus dem Buch aussuchen, um sich dann selbst wie dieser Schatten zur Musik durch den Raum zu bewegen. Sie sollen dabei ausprobieren, wie sich dieser Schatten (dick, dünn, groß, klein, böse, schön, hässlich etc.) bewegen könnte.

Zweite Variante

Die Kinder sollen sich zu zweit zusammentun. Ein Kind ist eine reale Person und das andere Kind ist ihr Schatten. Die Kinder sollen nun zur Musik ausprobieren, wie sich ein Schatten verhält und bewegt. Dabei muss sich das eine Kind freie Bewegungen durch den Raum ausdenken und das andere Kind sollte diese schattenhaft nachahmen. Nach einem Durchlauf sollten die Rollen getauscht werden.

Mit diesen Improvisationsaufgaben kann nun das ganze Buch Woche für Woche durchgearbeitet werden. Die Kinder finden dabei verschiedene Bewegungsmöglichkeiten und Bewegungsbilder heraus, von denen einzelne Bilder zwischendurch festgelegt werden sollten.

Aus dieser Fülle an Bildern und Möglichkeiten kann die Lehrperson dann ein kleines Bewegungsstück zusammensetzen.

Dabei könnte, im Hinblick auf eine Aufführung, ein neutraler Erzähler die Geschichte des Buches Stück für Stück erzählen, während auf der Bühne die dazugehörigen Bilder und Figuren von den Kindern zur Musik gezeigt werden.

Dabei können immer wieder neue Bilder bzw. Teile der Geschichte zu verschiedenen Musikstücken gezeigt werden.

2.4 Improvisationsspiele

Improvisationsspiele verfolgen, im Gegensatz zur Improvisation innerhalb des dritten Bausteins, kein explizites Lernziel.

Sie sollen die Kinder einfach zur freien, kreativen Bewegung motivieren und Spaß machen. Effekte wie Erwärmungen, Dehnungen und Vertiefungen von bereits erlernten Bewegungsqualitäten sind dabei ebenfalls zu erzielen. Die Improvisationsspiele können gut im fünften Baustein „Spiele" gegen Ende der Stunde eingebaut werden.

Wir stellen hier Spiele für die 4-6-Jährigen und die 6-9-Jährigen vor.

2.4.1 „Katzen und Mäuse" (4-6 Jahre)

Die Kinder werden in zwei Gruppen aufgeteilt.

Das Bild

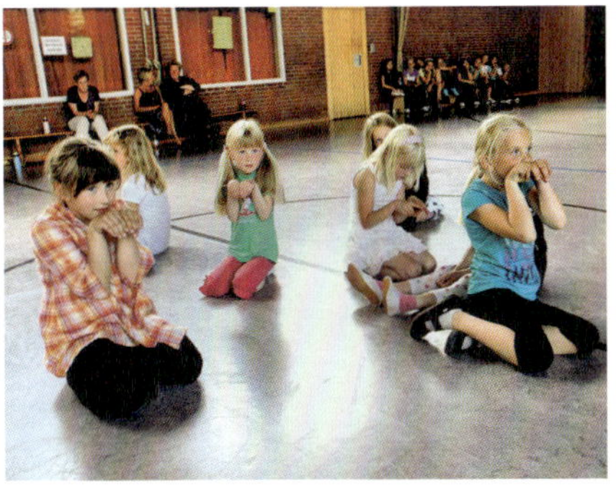

Die eine Gruppe sind die „Mäuse" und die andere Gruppe sind die „Katzen". Die „Mäuse" versammeln sich an einem Platz im Raum, in ihrem „Mauseloch". Dies könnte in einer Turnhalle beispielsweise der am Boden markierte Kreis in der Mitte sein. Die „Katzen" versammeln sich am anderen Ende des Raumes und strecken sich dort auf dem Boden zum Schlafen aus. Dies könnte in einer Turnhalle die äußere, am Boden markierte Linie am Ende der Halle sein.

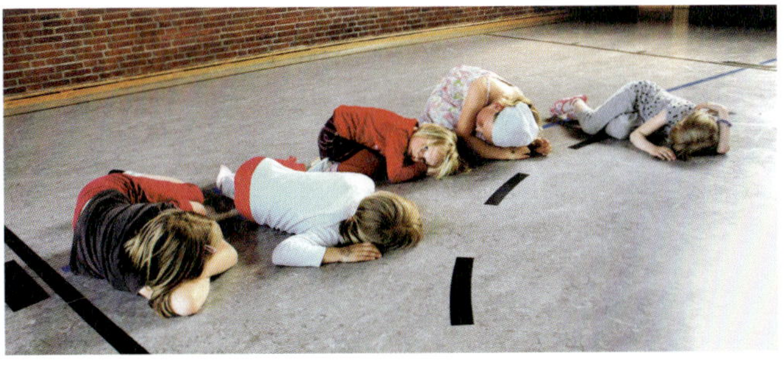

Vorgehensweise

Die „Katzen" schlafen und die „Mäuse" trippeln schon ungeduldig in ihrem Mauseloch auf der Stelle.

Die Musik beginnt. Dies sollte eine Musik mit einem Tempowechsel sein, d. h., sie beginnt mit einem schnellen Tempo (staccato) für die „Mäuse" und wechselt innerhalb des Stücks zu einem langsameren, fließenden Tempo (legato). Die „Mäuse" beginnen, mit der Musik aus ihrem Mauseloch herauszutrippeln. Sie machen schnelle, kleine „Mäuseschritte", möglichst auf Zehenspitzen. Die „Mäuse" dürfen durch den ganzen Raum laufen. Sie „tanzen auf den Tischen", „klauen Käse" und was ihnen sonst noch einfällt.

Da kommt der Tempowechsel in der Musik. Die „Katzen" wachen langsam auf. Sie recken und strecken sich am Boden und kommen dann langsam auf die Füße. Sie schleichen mit Katzenschritten durch den Raum und schauen sich um. Die „Mäuse" bleiben ganz still stehen und beobachten die „Katzen", damit sie nicht entdeckt werden. Die „Katzen" legen sich dann langsam wieder auf den Boden, putzen sich noch ein bisschen (z. B. Beine im Liegen lang nach oben strecken) und schlafen dann wieder ein.

Der Tempowechsel innerhalb der Musik setzt ein. Die „Mäuse" trauen sich nun, wieder loszulaufen und beginnen, durch den Raum zu trippeln. Wenn sie sich trauen, können sie auch um die schlafenden „Katzen" herumtrippeln. Zum Ende der Musik laufen die „Mäuse" wieder zurück in ihr „Mauseloch".

Die Bewegungsabläufe der „Mäuse" und „Katzen" im Einzelnen während des Spiels sind frei und somit von den Kindern improvisatorisch umzusetzen.

Variante

Der Ablauf bleibt zunächst der Gleiche. Wenn die „Katzen" wieder eingeschlafen sind und die „Mäuse" wieder frei durch den Raum laufen, sollen die „Mäuse" versuchen, möglichst nah an die schlafenden „Katzen" heranzukommen.

Als Variante können die „Katzen" an dieser Stelle aufwachen und versuchen, die „Mäuse" zu fangen. Diese müssen schnell wieder in ihr Mauseloch zurückkommen, weil sie dort vor den „Katzen" sicher sind. Mit dieser Variation haben wir noch eine Art „Tick- oder Fangspiel" integriert.

2.4.2 „Zauberei im Spielzeugladen" (4-6 Jahre)

Das Bild

Es ist Nacht in einem Spielzeugladen. Das Spielzeug steht ganz still und stumm in einer Reihe im Regal. Dann schlägt es zur „Geisterstunde" und das Spielzeug im Laden wird plötzlich lebendig. Es tanzt, tobt, springt oder dreht durch den ganzen Laden. Bis die „Geisterstunde" wieder vorbei ist und das Spielzeug schnell wieder zurück ins Regal springt, um dort wieder zu erstarren.

Vorgehensweise

Variante 1

Jedes Kind überlegt sich ein Spielzeug, das es sein möchte. Die Lehrperson kann zunächst mit den Kindern gemeinsam überlegen, welche Arten von Spielzeugen es geben könnte und dann festlegen, wer was sein möchte (Puppen, verschiedenste Kuscheltiere, Bälle, Zinnsoldaten, Roboter etc.). Dann stellen sich die Kinder in eine Reihe nebeneinander „ins Regal".

Die Geisterstunde beginnt mit der Musik. Die Kinder dürfen sich nun als jeweiliges Spielzeug durch den Raum bewegen. Wenn die Musik langsam leiser wird, geht die „Geisterstunde" zu Ende und die Kinder bzw. das Spielzeug müssen schnell wieder seinen Platz im Regal finden und erstarren.

Variante 2

Jedes Kind überlegt sich, welches Spielzeug es sein möchte und verrät dies den anderen nicht. Die Kinder starten wieder aus der Reihe „im Regal". 2

Mit Beginn der Musik bzw. der „Geisterstunde" bewegen sie sich als Spielzeuge durch den Raum. Mit dem Ende der „Geisterstunde" stehen sie alle wieder in einer Reihe „im Regal". Nun muss die Lehrperson erraten, welches Spielzeug jedes Kind gewesen ist.

Variante 3

Die Kinder werden in zwei Gruppen geteilt. Die eine Gruppe steht am Schaufenster des Spielzeugladens und sieht hinein (sie dürfen sich vorne auf den Boden setzen). Die andere Gruppe ist das Spielzeug im Regal.

Jedes Kind überlegt sich, welches Spielzeug es sein möchte und verrät dies den anderen nicht. Der Ablauf zur Musik bleibt der Gleiche. Wenn die Musik aus ist und die Spielzeuge wieder im Regal stehen, müssen die Kinder, die durch das Schaufenster heimlich zugesehen haben, erraten, welche Spielzeuge die einzelnen Kinder dargestellt haben.

Anschließend werden die Gruppen getauscht. Dabei kann es für jede Gruppe mehrere Durchläufe geben.

2.4.3 „Spaziergang durch das Geisterschloss" (4-6 Jahre)

Das Bild

Die Kinder verwandeln sich in „Geister". Zur „Geisterstunde" wandeln diese durch das ganze Geisterschloss. Dabei kommen sie durch alle Winkel und Räume des Schlosses, in denen sie sich auch unterschiedlich verhalten und bewegen müssen. Die Kinder sollen innerhalb der unterschiedlichen Stationen die dortigen Tätigkeiten durch Bewegungen und Gestiken darstellen und improvisieren. Der ganze Spaziergang durch das Schloss passiert zur Musik, die im Hintergrund läuft. Die Lehrperson ruft den Kindern den jeweiligen Raum, in den sie als „Geister" schweben sollen, zu.

Vorgehensweise

Alle Kinder versammeln sich mit der Lehrperson in der Mitte des Raumes. Sie sind nun „Geister" und die „Geisterstunde" beginnt mit der Musik. Sie starten ihre „Geisterei" in der Eingangshalle des imaginären Schlosses.

Eingangshalle = alle „Geister" begrüßen sich gegenseitig mit großen Gesten.

Dann schweben sie in den Speisesaal.

Speisesaal = die „Geister" essen, trinken und unterhalten sich. Zwischendurch können sie auch durch den Raum schweben und die Plätze wechseln.

Dann schweben sie in den Rittersaal.

Rittersaal = die „Geister" tun so, als wären sie Ritter auf Pferden.

Dann schweben sie in den Ballsaal.

Ballsaal = die „Geister" tanzen zu zweit oder allein durch den Raum.

Dann schweben sie hinauf auf den Schlossturm.

Schlossturm = erst einmal müssen die „Geister" im Kreis die lange Wendeltreppe auf den Turm hinaufschweben. Oben angekommen, recken und strecken sie sich. Sie machen sich ganz lang, um so weit wie möglich in die Ferne zu schauen.

Dann schweben die „Geister" zurück in die Eingangshalle und wollen dort den oder die Schlossbesitzerin (Lehrperson) erschrecken, bevor die „Geisterstunde" zu Ende geht.

Einganghalle am Ende = die „Geister" machen sich ganz klein (hocken oder legen sich auf den Boden).

Die Lehrperson geht durch die „Geister" hindurch und tut, als würde sie diese nicht sehen. Plötzlich springen die „Geister" auf und schreien laut und machen Grimassen dazu.Die Lehrperson erschrickt natürlich sehr! Die „Geisterstunde" ist zu Ende und die Musik geht aus.

2.4.4 „Das verzauberte Kaufhaus" (6-9 Jahre)

Das Bild

Wir gehen heimlich in ein verzaubertes Kaufhaus, in das schon lange Zeit niemand mehr hineingehen durfte. In dem Kaufhaus ist es menschenleer, aber man findet alle Abteilungen, die es auch in einem normalen Kaufhaus gibt. In den Abteilungen probieren wir die dortigen Verkaufsgegenstände aus. In diesem „besonderen Kaufhaus" finden sich aber auch Abteilungen, in denen wir uns in Gegenstände oder auch in Tiere verwandeln können (Tierabteilung etc.).

Plötzlich hören wir einen lauten Schlag und wissen, nun kommt der Zauberer, der das Kaufhaus verhext hat. Alle tun schnell so, als ob sie etwas anderes wären: z. B. ein Tier, eine Puppe, ein Regal o. Ä.

Der Zauberer geht durch das Kaufhaus und schaut nach, ob auch wirklich niemand verbotenerweise hineingegangen ist.

Variante

Wenn der Zauberer jemanden beim Bewegen erwischt, dann wird derjenige verzaubert und muss mit dem Zauberer mitgehen. In diesem Fall dürfen die Kinder versuchen, sich zu bewegen, wenn der Zauberer gerade nicht hinsieht.

Beispiele für Abteilungen:

- Sportabteilung = jedes Kind macht eine Sportart,
- Klamottenabteilung = jedes Kind probiert Kleidungsstücke an,
- Musikabteilung = alle Kinder tanzen zur Musik,
- Instrumentenabteilung = jedes Kind spielt ein Instrument,
- Süßigkeitenabteilung = alle Kinder dürfen ganz viele Süßigkeiten essen,
- Rollschuhe = alle Kinder fahren mit den Rollschuhen,
- Tierabteilung = alle Kinder verwandeln sich in Tiere,
- Spielzeugabteilung = alle Kinder verwandeln sich in ein Spielzeug.

Hierbei kann man auch die Ideen der Kinder für andere Abteilungen mit einbeziehen!

Vorgehensweise

Die Lehrperson zieht sich während des Spiels aus dem Geschehen zurück und kann an der Musikanlage den Regler bedienen. Sie ruft den Kindern die jeweilige Abteilung bzw. den Wechsel zur nächsten Abteilung zu. Die Kinder sind in der Improvisation der Abteilungen vollkommen frei!

Die Lehrperson gibt die erste Abteilung vor. Z. B. die Buchabteilung und alle Kinder sollen sich bereits im Raum verteilen und sich ein imaginäres Buch aussuchen, mit dem sie sich im Raum platzieren.

Dann geht die Musik los. Die Kinder improvisieren das „Lesen" im Raum. Die Lehrperson fährt nach einiger Zeit die Lautstärke der Musik herunter, um die nächste Abteilung, z. B. die Sportabteilung, reinzurufen. Die Kinder improvisieren nun für den nächsten Zeitabschnitt eine Sportart im Raum. In regelmäßigen Abständen kann die Lehrperson nun die Wechsel zur nächsten Abteilung den Kindern zurufen. Diese wechseln dann in ihrer Improvisation. Nachdem einige Abteilungen durchlaufen wurden, wird die Musik gestoppt und die Lehrperson stampft einmal mit dem Fuß kräftig auf, was den Schlag des Zauberers markieren soll. Die Kinder erstarren in den verschiedenen Figuren.

Variante 1

Die Lehrperson selbst ist der Zauberer. Sie geht langsam durch die Kinder und schaut sich diese genau an.

Variante 2

Es werden vorher 1-2 Kinder aus der Gruppe gewählt, die die Zauberer spielen dürfen. Sie gehen ebenfalls durch die Kinder und beobachten diese. Wenn man möchte, kann man die Variation mit der Verzauberung einbauen.

Wichtig dabei ist:

1. Wenn Kinder aus der Gruppe als Zauberer auftreten, dass diese wirklich genau hinsehen und fair bleiben!
2. Dass die „erwischten" bzw. dann verzauberten Kinder etwas zu tun bekommen und nicht nur auf der Bank sitzen.

Variante 3

Die Lehrperson oder auch die Kinder dürfen als Zauberer die Positionen/Figuren der Kinder leicht verändern. D. h., sie müssen die erstarrten Kinder anfassen und deren Hände, Arme, Köpfe etc. in eine andere Position bringen.

Wenn dies die Lehrperson macht, kann sie die Veränderung an den Kindern mit einem Quietschgeräusch untermalen – darüber amüsieren sich die Kinder sehr!

Wenn dies die Kinder als Zauberer tun, haben wir den Aspekt des Körperkontakts zwischen den Kindern einbezogen. Kinder in diesem Alter haben oft Hemmungen, einander anzufassen. Durch diese Variation haben sie mit den anderen Kindern Körperkontakt, ohne es explizit und als unangenehm wahrzunehmen. Gleichzeitig entwickeln sie, wenn sie beispielsweise die Kopfposition eines anderen Kindes verändern, ein Gefühl für einen sensiblen Umgang miteinander.

Die Lehrperson entscheidet, wann das Spiel bzw. der Besuch des Zauberers beendet ist!

2.4.5 „Der Rollentanz" (6-9 Jahre) (eine Übung aus dem Schauspielbereich)

Vorgehensweise

Es gibt für jeden Durchlauf jeweils zwei Rollen, die von den Kindern gespielt werden können. Diese Rollen oder auch Attribute sollten Gegensätze beinhalten! Die Rollen werden jeweils für zwei Gruppen von der Lehrperson festgelegt.

Beispiele für Rollen:

- trauriges und fröhliches Mädchen,
- langsames und schnelles Mädchen,
- Hip Hopper und Balletttänzerin,
- Bär und Gazelle,
- Mäuse und Katzen und
- Riesen und Zwerge
- ...

Die Kinder werden in zwei Gruppen geteilt. Jede Gruppe bekommt eine Rolle zugeteilt.

Zum Beispiel:

- Gruppe 1 = trauriges Mädchen,
- Gruppe 2 = fröhliches Mädchen.

Die Musik beginnt und die Kinder bewegen sich frei in ihrer zugeteilten Rolle durch den Raum. Wenn die Musik stoppt, müssen sich die Kinder schnell ein Kind der anderen Gruppe suchen und diesem die Hand reichen. Mit diesem Händedruck werden die Rollen vertauscht. Die Kinder der Gruppe 1 sind nun die fröhlichen Mädchen und die Kinder der Gruppe 2 sind die traurigen Mädchen. Die Musik beginnt wieder und die Kinder bewegen sich in der neuen, getauschten Rolle frei durch den Raum.

Pro Rollenzuteilung sollten 2-3 Durchläufe gemacht werden (2-3 Durchläufe als trauriges und fröhliches Mädchen)! Dann können von der Lehrperson neue Rollen zugeteilt werden (z. B. Gruppe 1 Hip Hopper und Gruppe 2 als Balletttänzerinnen).

2.4.6 „Bildhauer und Stein" (6-9 Jahre) (eine Übung aus dem Schauspielbereich)

Das Bild

Ein Kind ist ein Bildhauer und das andere Kind ist ein großer Stein, aus dem der Bildhauer nun ein Kunstwerk herstellen soll. Der Bildhauer muss sich genau überlegen, was seine Statue später darstellen soll.

Vorgehensweise

Die Kinder werden in Zweiergruppen eingeteilt. Es wird festgelegt, welches Kind zuerst der Bildhauer und welches der beiden der Stein sein soll. Solange die Musik läuft, haben die Bildhauer Zeit, ihre Statuen herzustellen. Sie müssen dazu das andere Kind anfassen, um es in die gewünschte Position zu bringen. Die Bildhauer, die fertig sind, dürfen sich an eine vorher bestimmte Position im Raum begeben. Wenn die Musik zu Ende geht, müssen alle Bildhauer fertig werden. Nun stehen lauter Statuen im Raum herum. Dieser Raum wird nun zu einem Museum, in dem diese Kunstwerke ausgestellt sind. Alle Bildhauer gehen, zusammen mit der Lehrperson, durch das Museum und sehen sich die einzelnen Statuen an.

Die Lehrperson sollte bei jedem Kunstwerk fragen: „Wer ist der Künstler, der diese Statue gemacht hat?", um dem jeweiligen Kind ein kleines Erfolgserlebnis zu bescheren.

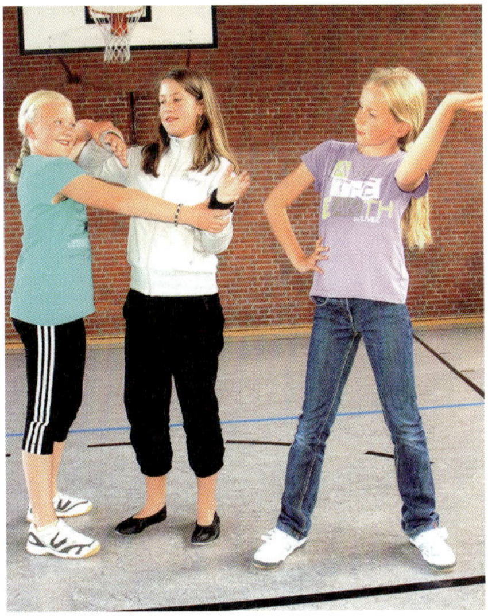

Dann müssen die anderen Bildhauer und die Lehrperson erraten, was die jeweilige Statue darstellt. Im Anschluss werden die Rollen innerhalb der Zweiergruppen getauscht. Es können zwei Durchläufe gemacht werden, sodass jedes Kind 2 x Bildhauer und 2 x Stein gewesen ist. Falls die Zweiergruppen nicht aufgehen und ein Kind übrig bleibt, kann auch eine Dreiergruppe gebildet werden. Dabei gibt es dann zwei Steine und eines der Kinder ist der Bildhauer, der zwei Statuen kreiert.

2.5 Tänzerische Bewegungsspiele

Die tänzerischen Bewegungsspiele können, genau wie die Improvisationsspiele, im fünften Baustein „Spiele" zur Erholung und/oder Belohnung innerhalb der Stunde eingesetzt werden. Von den Improvisationsspielen unterscheiden sie sich insofern, als dass sie keine konkreten Improvisationsaufgaben beinhalten, sondern eher den Tick- und Fangspielen zuzuordnen sind. Sie konzentrieren sich mehr auf den Aspekt der Bewegung am Ende einer Stunde, als auf die Improvisation von Bewegungsbildern und Bewegungsqualitäten. Aber auch sie sind natürlich in Bilder verpackt.

2.5.1 „Die Puppenfee" (4-6 Jahre)

Das Bild

Die Kinder sind zu Beginn leblose Puppen, die im Raum verteilt stehen. Zur Zauberstunde kommt die Puppenfee, die die Puppen antickt und so zum Leben und zum Tanzen erweckt. Zwischendurch verliert der Zauber der Puppenfee jedoch seine Wirkung und einzelne Puppen bleiben plötzlich stehen. Die Puppenfee muss darauf achten, dass alle Puppen immer wieder weitertanzen.

Vorgehensweise

Eine Puppenfee wird aus der Gruppe erwählt. Wenn es eine sehr große Gruppe ist, können auch zwei Puppenfeen ausgewählt werden. Die Kinder verteilen sich im Raum und erstarren in einer Pose.

Die Musik beginnt. Nun muss die Puppenfee die Kinder nacheinander anticken und die berührten Kinder beginnen, durch den Raum zu tanzen. Zwischendurch aber hört der Zauber bei den einzelnen Puppen wieder auf und sie bleiben plötzlich stehen. Die Puppenfee hat die Aufgabe, möglichst alle Puppen stetig in Bewegung zu halten. Sie muss also immer aufpassen, wo gerade wieder eine Puppe stehen geblieben ist und diese erneut anticken. Die Puppenfee muss also immerzu zwischen den tanzenden Puppen hin- und herlaufen, um alle in Bewegung zu halten. Wenn die Musik leiser wird, geht die Zauberstunde der Puppenfee zu Ende und der erste Durchlauf ist vorbei. Die Lehrperson entscheidet, wann das Spiel beendet ist. Es können mehrere Durchläufe mit verschiedenen Puppenfeen gemacht werden.

2.5.2 „Diskoqueen" (6-9 Jahre)

Hierbei handelt es sich um den gleichen Spielablauf wie bei „der Puppenfee". Er ist jedoch auf die folgende Altersgruppe der 6-9-Jährigen zugeschnitten.

Das Bild

Die Kinder sind Tänzer in einer Kinderdisko. Plötzlich werden sie, während sie tanzen, verzaubert und erstarren alle in einer Pose. Sie stehen still und starr im Raum verteilt.

Dann kommt die Diskoqueen herein und tickt die einzelnen Tänzerinnen an, sodass diese wieder weitertanzen können und so dem Zauber entkommen sind. Doch der Zauber der Diskoqueen verliert zwischendurch seine Wirkung und die Tänzerinnen erstarren erneut in einer Pose. Die Diskoqueen muss während ihrer Zauberstunde darauf achten, dass alle Tänzer in Bewegung bleiben und weitertanzen können.

Vorgehensweise

Die Vorgehensweise ist die Gleiche wie im Spiel der „Puppenfee".

Das Bild für dieses Bewegungsspiel ist für die Gruppe der 6-9-Jährigen entsprechend variiert worden, sodass es nicht mehr ganz so lyrisch und märchenhaft ist, wie die Variante für die 4-6-Jährigen.

2.5.3 „Der Eckentanz" (6-9 Jahre)

Vorgehensweise

Jede Ecke des Raums bekommt eine Aufgabe bzw. eine Pose zugeteilt.

2

Beispiel:

Ecke 1 = Diskotänzer (die Kinder sollen sich am Platz tanzend bewegen).
Ecke 2 = Marionette (die Kinder sollen die Pose einer Marionette einnehmen).
Ecke 3 = Sessel (die Kinder sollen die Pose eines Sessels einnehmen/diesen durch ihre Körperhaltung darstellen).
Ecke 4 = Tisch (die Kinder sollen die Pose eines Tisches einnehmen).

Die einzelnen Aufgaben in den vier Ecken werden zusammen mit den Kindern erklärt. Die Lehrperson überprüft noch einmal, ob die Kinder alles verstanden und behalten haben, indem sie noch einmal alle vier Ecken in unterschiedlicher Reihenfolge abfragt. Nun beginnt die Musik. Während die Musik läuft, können die Kinder frei im Raum herumtanzen und sich bewegen. Wenn die Musik stoppt, ruft die Lehrperson eine der vier Aufgaben den Kindern zu. Die Kinder müssen schnell entscheiden, zu welcher Ecke des Raums die Aufgabe gehört, dort hinlaufen und die entsprechende Aufgabe ausführen.

Dieser Vorgang wird wiederholt, bis alle vier Aufgaben mehrmals ausgeführt wurden.

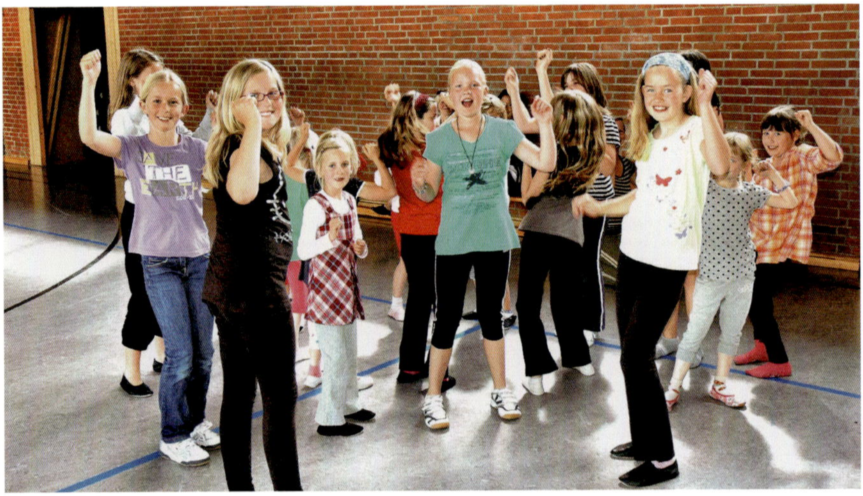

Ecke 1 = Diskotänzer (die Kinder sollen sich am Platz tanzend bewegen).

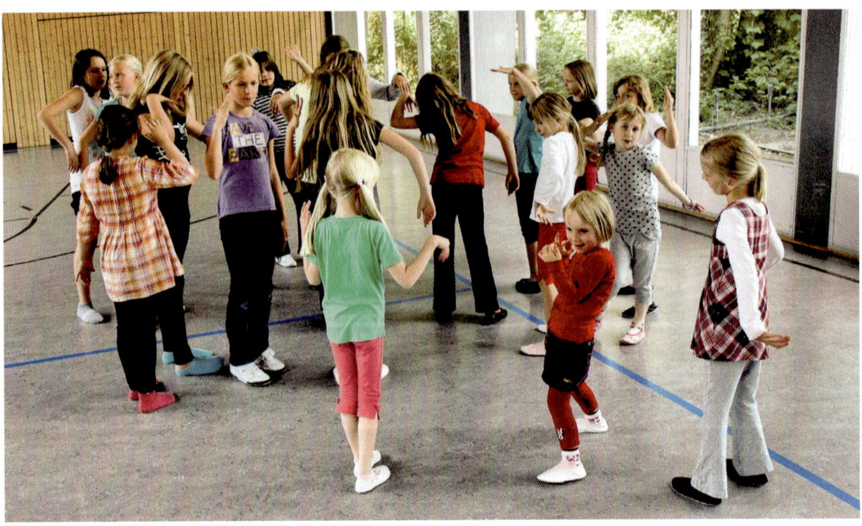

Ecke 2 = Marionette (die Kinder sollen die Pose einer Marionette einnehmen).

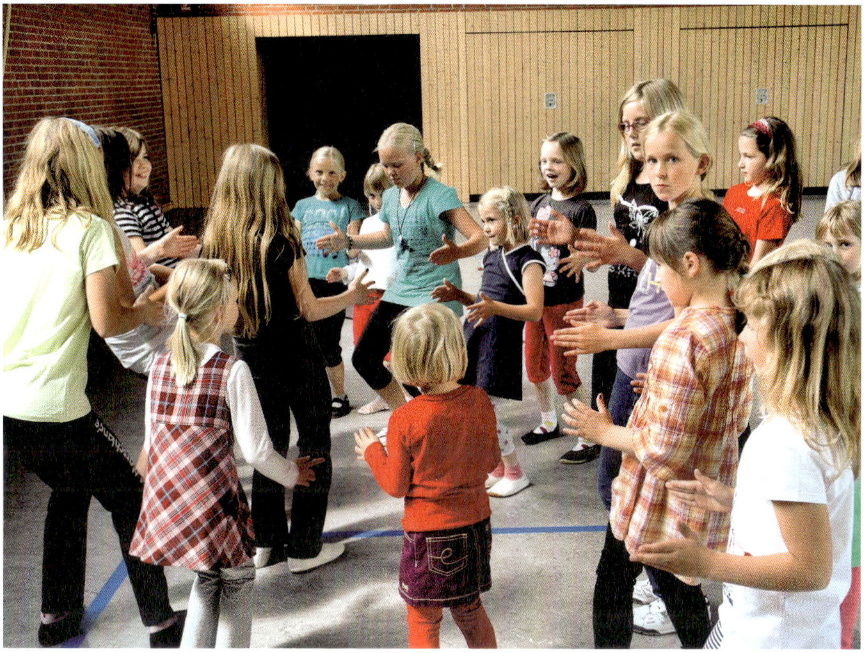

Ecke 3 = Sessel (die Kinder sollen die Pose eines Sessels einnehmen/diesen durch ihre Körperhaltung darstellen).

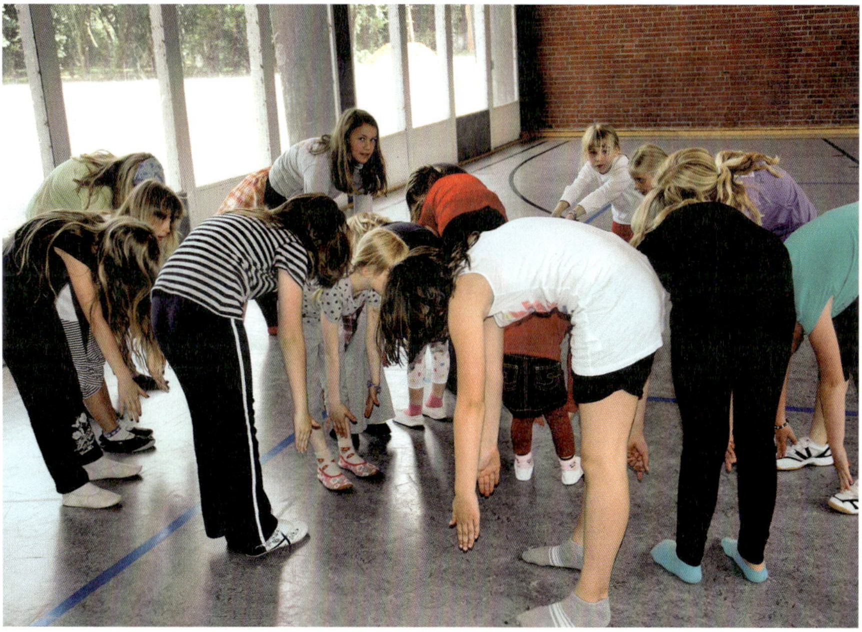

Ecke 4 = Tisch (die Kinder sollen die Pose eines Tisches einnehmen).

2

Variante 1

Die Zuteilung der Aufgaben für die Ecken bleibt gleich. Nun bekommen die Kinder von der Lehrperson die einzelnen Aufgaben der Ecken zugeteilt (ein Kind ist Marionette/ ein Kind ist Sessel usw.).

Während die Musik läuft, können die Kinder frei im Raum tanzen. Wenn die Musik stoppt, sollen die Kinder sich schnell der Ecke zuordnen, deren Aufgabe ihnen zugeteilt wurde, dort hinlaufen und die entsprechende Aufgabe ausführen.

Hierbei müssen die Kinder sich allein orientieren und haben nicht mehr die Möglichkeit, wie bei der ursprünglichen Version, einfach den anderen Kindern hinterherzulaufen – das Spiel wurde erschwert!

Variante 2

Die zwei Varianten der Abläufe bleiben gleich (eine der beiden kann ausgewählt werden!). Die Aufgaben der Ecken können von der Thematik her variiert und erschwert werden.

- Jede der vier Ecken könnte beispielsweise eine Tanzbewegung aus einem Tanz zugeteilt bekommen, oder sogar eine kleine Abfolge aus einer Choreografie.
- Die Aufgaben in den vier Ecken können auch aus Koordinationsaufgaben bestehen.

Beispiel

Ecke 1 = am Platz gehen und gleichzeitig eine Bewegung mit den Armen ausführen.
Ecke 2 = Step Touches seitwärts und dabei in die Hände klatschen.
Ecke 3 = Schritt vor und zurück und dabei die Arme auf- und abbewegen.
Ecke 4 = Taps mit rechtem und linkem Fuß vor und dabei die Arme kreuzen.

Die Aufgaben der Ecken können auch mit Liedern versehen werden. Beispielsweise kann jeder Ecke eine Bewegung mit einem Liedteil aus einem bereits erlernten Tanz zugeteilt werden.

In diesem Spiel sind verschiedenste Lernziele zu finden bzw. unterzubringen:

- Orientierung im Raum,
- Einprägen von Bewegungsfolgen und Zuordnungen,
- Konzentrationsfähigkeit,

- Schulung der Koordinationsfähigkeit,
- freie Bewegung im Raum und
- Bewegung des Körpers und seine Erwärmung.

Viele dieser Spielformen orientieren sich an der einfachen und gängigen Variante des „Stopptanzes". Hier wird versucht, diesem Grundprinzip Sinn zu geben, es mit entsprechenden tänzerischen Aufgaben zu füllen, um damit Lernziele für die Tanzstunde verfolgen zu können.

2.5.4 „Bewegungsmemory" (6-9 Jahre)

Vorgehensweise

Es werden zwei Kinder der Gruppe als Spieler ausgewählt. Diese beiden müssen den Raum kurz verlassen und nach draußen gehen. Nun werden aus den anderen Kindern Paare zusammengestellt. Jedes Paar denkt sich gemeinsam eine Pose aus und beide Kinder müssen diese Pose haargenau gleich darstellen. **Dies soll von den Kindern geübt werden!** Wenn alle Paare ihre Pose gefunden haben, sollen die Paare auseinandergehen und sich alle im Raum verteilen. Dann werden die beiden Spieler hereingeholt.

Die Musik beginnt. Alle Kinder bzw. „Spielkarten" tanzen durcheinander im Raum und „mischen" sich. Wenn die Musik stoppt, bleiben alle Kinder im Raum still stehen. Der erste Spieler darf nun in den Raum gehen und ein Kind bzw. eine „Spielkarte" anticken und damit aufdecken. Das getickte Kind geht in seine Pose. Der Spieler tickt ein weiteres Kind an, welches ebenfalls in seine Pose geht.

2

Hat der Spieler Glück und beide Kinder gehen in die gleiche Pose, hat er ein Paar aufgedeckt und er bekommt einen Punkt. Die beiden „aufgedeckten Kinder" gehen aus dem Spielfeld heraus und der Spieler darf noch einmal ticken ohne vorheriges Mischen. Hat der Spieler kein Paar aufgedeckt, spielt die Musik wieder und die Kinder tanzen wieder durcheinander im Raum und mischen sich erneut.

Anschließend darf der andere Spieler sein Glück versuchen. Das Spiel ist zu Ende, wenn alle „Karten" bzw. Kinder „aufgedeckt" wurden und der Spieler mit den meisten Paaren hat gewonnen.

2.6 Rhythmische Übungen

2.6.1 „Klatscher rumgeben" (4-6 Jahre/6-9 Jahre)

Diese Übung eignet sich sehr gut für den Stundenbeginn innerhalb des Anfangskreises!

Vorgehensweise

Die Kinder sitzen mit der Lehrperson im Kreis. Nun soll jedes Kind seinem Nachbarkind zuklatschen. Dabei klatscht es einfach in die Hände und wendet sich dabei seinem Nachbarn zu. Dies wird zunächst einfach einmal im Kreis herum geübt, bis der „Klatscher" wieder bei der ersten Person angekommen ist.

Nun gibt die Lehrperson einen Takt bzw. ein Tempo vor. Dies kann sie tun, indem sie selbst in die Hände klatscht, indem sie mit den Füßen aufstampft oder mit einem Tambourin o. Ä. Nun sollen die Kinder versuchen, den „Klatscher" in diesem vorgegebenen Tempo herumzugeben.

Diese Übung ist sehr einfach und vermittelt den Kindern doch sehr stark ein Gefühl für Rhythmus und Takt. Ebenso wird die Koordinationsfähigkeit der Kinder geschult.

Für die Altersgruppe der 4-6-Jährigen ist die Aufgabe, den Klatscher in einem vorgegebenen Tempo herumzugeben, sehr schwer. Hier sollte der Klatscher zunächst einfach nur herumgegeben werden. Diese Übung, sich einem anderen Kind zu einem bestimmten Moment zuzuwenden und dabei in die Hände zu klatschen, reicht vollkommen aus! Für die Altersgruppe der 6-9-Jährigen sollte das Tempo unbedingt mit vorgegeben werden!

2.6.2 „Namen klatschen" (4-6 Jahre/6-9 Jahre)

Vorgehensweise

Die Kinder sitzen mit der Lehrperson im Kreis. Nun sollen alle gemeinsam den Namen jedes Kindes klatschen. Die Übung kann gut zum Stundenbeginn und zur Begrüßung jedes einzelnen Kindes stattfinden! Die Lehrperson sollte dabei mit ihrem Namen als Beispiel beginnen. Anschließend natürlich bei jedem Namen mitklatschen, da diese Übung für die Kinder anfangs nicht ganz einfach ist!

Jeder Name hat mehrere Silben. Die einzelnen Silben des Namens werden nun geklatscht bzw. jede Silbe erhält einen Klatscher.

Beispiel

ANNA = AN – NA = zwei Klatscher

SABINE = SA – BI – NE = drei Klatscher

MAGDALENA = MAG – DA – LE – NA = vier Klatscher usw.

2.6.3 Rhythmische Übungen mit dem Tambourin (4-6 Jahre/6-9 Jahre)

Variante 4-6 Jahre

Wir gehen hier erst einmal vom besten Fall aus, in dem allen Kindern ein Tambourin zur Verfügung gestellt werden kann!

Vorgehensweise

Jedes Kind bekommt ein Tambourin in die Hand. Die Kinder stehen mit der Lehrperson im Kreis. Zunächst können nun alle Kinder ausprobieren, was sie mit dem Instrument machen können. Hier kann man beispielsweise die Übung „Klatscher rumgeben" mit dem Tambourin wiederholen, damit die Kinder ein Gefühl für das Instrument bekommen. Jedes Kind soll dabei einmal leicht auf das Tambourin schlagen und sich dabei seinem Nachbarn zuwenden.

Dann werden verschiedene Klangqualitäten (laut, leise), Rhythmen (kurz/kurz/lang usw.), Tempi und Taktarten (schnell/langsam/Dreivierteltakt/Viervierteltakt etc.) mit dem Instrument in einfacher, spielerischer Form ausprobiert.

Beispiele

- Elefanten stapfen durch das Land = kurze, laute Schläge im Viervierteltakt: 1, 2, 3, 4.
- Mäuse laufen schnell durch das Land = kurze, schnelle Schläge im Viervierteltakt im schnelleren Tempo 1, 2, 3, 4, 5, 6, 7, 8/1, 2, 3, 4, 5, 6, 7, 8.
- Regentropfen fallen leise = mit den Fingerspitzen leicht über das Trommelfell trippeln im freien Rhythmus.

- Ein Schlag überm Kopf und zwei unten in Richtung Füße im Dreivierteltakt **1**, 2, 3/**1**, 2, 3 – dazu kann im Kreis gegangen werden: einen Schlag überm Kopf auf Zehenspitzen gehend und zwei unten in Richtung Füße mit tiefem Ausfallschritt, der erste Schlag des Dreivierteltakts wird dadurch betont!
- Zwei Schläge jeweils zur Körperseite rechts und links und einen über den Kopf im Dreivierteltakt – dazu kann im Kreis gegangen werden: Ein Schlag zur rechten Seite mit einem Schritt vor, ein Schlag zur linken Seite mit einem Schritt vor, ein Schlag über dem Kopf mit einem Schritt vor.

Nun können mit den Kindern Ideen gesammelt werden, was noch mit dem Tambourin an Bewegungen und Schlägen möglich ist. Anschließend wird den Kindern die Möglichkeit gegeben, mit ihren Tambourins die erarbeiteten Schlag- und Bewegungsmöglichkeiten im Raum selbstständig auszuprobieren, sowie noch weitere Möglichkeiten und Varianten für sich zu entdecken (Improvisation).

Falls nur ein Tambourin zur Verfügung steht

In diesem Fall gibt es die Möglichkeit, das Instrument im Kreis 1 x jedem Kind in die Hand zu geben, damit alle ein Gefühl für das Tambourin bekommen. Der Ablauf kann im Anschluss der Gleiche bleiben, wobei nur die Lehrperson mit dem Tambourin spielt und die Kinder mit den Händen die Schläge klatschen.

Bei der Ideensammlung mit den Kindern kann jedes Kind, das eine Idee für eine Variation hat, das Tambourin zur Demonstration in die Hand bekommen. Dies dient auch zur Motivation der Kinder, selbst aktiv zu werden, denn sicherlich möchte jedes Kind einmal das Tambourin in der Hand halten!

Einfügen der vorher probierten Spielarten in ein Bewegungsbild bzw. in eine Übung

Die Kinder werden in zwei Gruppen geteilt. Die eine Gruppe bildet einen Kreis im Raum. Die andere Gruppe bildet ebenfalls einen Kreis, der den anderen Kreis umschließt. So ergibt sich ein innerer und ein äußerer Kreis.

Zunächst werden unterschiedliche Bewegungsrichtungen der Kreise mit den Kindern geübt. Der innere Kreis bewegt sich nach links und der äußere Kreis entgegengesetzt nach rechts.

Nun bekommen beide Kreise „Rollen" zugeteilt. Die Kinder des äußeren Kreises sind mit ihren Tambourins die Elefanten und machen gleichmäßig stampfende Schritte nach rechts, wobei sie zu jedem Schritt mit ihrem Tambourin einen lauten, kurzen Schlag spielen. Die Kinder des inneren Kreises sind mit ihren Tambourins die Mäuse, die mit doppelt so schnellen, kleinen Schritten nach links gehen, wobei sie auf ihrem Tambourin zu jedem Schritt kleine, laute, kurze Schläge spielen.

So haben wir 2 x einen Viervierteltakt in verschiedenen Tempi gegeneinandergesetzt.

1 2 3 4 Elefanten
1 2 3 4 5 6 7 8 Mäuse

Diese Variante ist für die 4-6-Jährigen sehr schwer und nur mit einer qualitativ guten Gruppe möglich!

Vor allem fällt es dieser Altersgruppe schwer, die verschiedenen Bewegungsrichtungen der Kreise umzusetzen! Zur anfänglichen Vereinfachung können beide Kreise zunächst in die gleiche Richtung gehen. Die unterschiedlichen Tempi der Schläge sind bereits Anforderung genug.

Falls es mit Ihrer Gruppe nicht sofort klappen sollte, verzagen Sie nicht und probieren Sie es einfach noch einmal – irgendwann wird es klappen!

2

Variante 6-9 Jahre
Bewegungsschlange mit dem Tambourin

Die Kinder haben gemeinsam mit der Lehrperson verschiedene Möglichkeiten und Varianten von Schlägen und Schritten mit den Tambourins im Kreis stehend ausprobiert. Sie haben eine Idee davon bekommen, was mit diesem Instrument möglich ist.

Nun stellen sich alle Kinder in einer Reihe hintereinander auf. Das erste Kind überlegt sich nun eine Kombination von Schlägen und Schritten, so wie vorher geübt, und führt die anderen Kinder damit durch den Raum. Die anderen Kinder sollen die Schläge und Schritte dabei genau nachahmen.

Wenn die Lehrperson in die Hände klatscht, läuft das führende Kind zum Ende der Schlange und das nächste Kind ist an der Reihe, die anderen Kinder mit seiner Idee durch den Raum zu führen. Dieses Prinzip setzt sich fort, bis wieder das erste Kind an der Reihe ist.

So können die Kinder die Möglichkeiten des Tambourins ausloten und dabei selbst kreativ werden. Gleichzeitig lernen sie, aufeinander zu achten.

Einige Kinder haben Hemmungen, selbst kreativ zu werden und ihre Ideen den anderen Kindern zu zeigen!

Deshalb ist es wichtig, dass beim vorherigen Ausprobieren mit dem Tambourin im Kreis die Übungen und Kombinationen einfach sind.

Da die Kinder zunächst nicht unbedingt selbst auf mögliche Kombinationen von Schlägen und Schritten kommen, ist es wichtig, dass die Lehrperson Anregungen und Inspirationen vorgibt. Den Kindern muss zunächst eine Vorstellung vermittelt werden, was von ihnen erwartet wird. So können die Kinder motiviert werden, auch eigene Ideen preiszugeben und einzubringen.

Wenn diese Übung während einiger Stunden wiederholt wird, kann der Schwierigkeitsgrad der Kombinationen zunehmend erhöht werden!

Wenn ein Kind absolut nicht die Bewegungsschlange anführen möchte, sollte es nicht dazu gezwungen werden!

2.7 Grundlagen des klassischen Balletts für die 4-6-Jährigen und die 6-9-Jährigen

In diesem Teilkapitel soll es nicht darum gehen, perfekte Balletttänzer aus den Kindern zu machen, oder selbst ein solcher sein zu müssen!

Wir möchten Ihnen vielmehr Möglichkeiten an die Hand geben, Inhalte des klassischen Balletts in Ihren Unterricht einbauen zu können, wenn Sie daran Lust und Interesse haben. Dazu haben wir versucht, diese Inhalte so aufzubereiten, dass sie einfach und nachvollziehbar in einer kreativen Kindertanzstunde einzubauen sind.

2.7.1 Allgemeine Ballettgrundlagen

Durch die Bewegungen und die Technik des klassischen Balletts schulen wir die Koordinationsfähigkeit und Präzision in der Bewegung sowie die rhythmische Musikalität der Kinder. Wichtig ist dabei die richtige Haltung! Keine Überbeanspruchung!

Haltung

Die Haltung ist aufrecht. Kein Hohlkreuz! Scheitel zieht nach oben, langer Hals, Schultern tief, Bauch nach innen, Brustkorb schließen.

Wichtig: Die Außenrotation geschieht aus der Hüfte, nicht aus den Knien! Das Gewicht (der Schwerpunkt) ist in der Mitte.

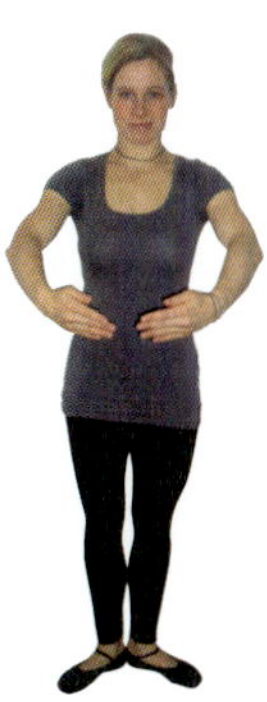

Erste Position

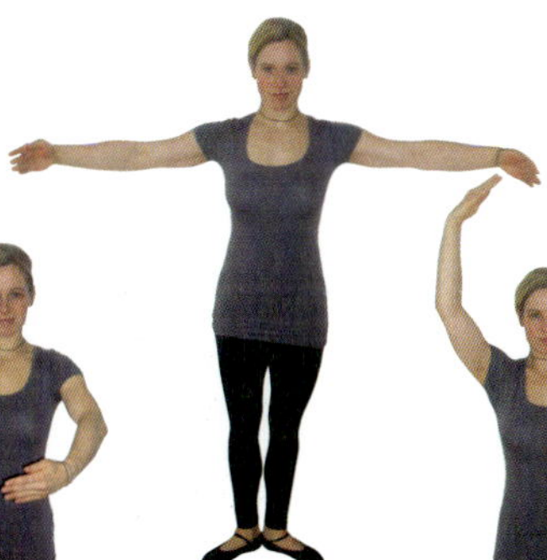

Zweite Position

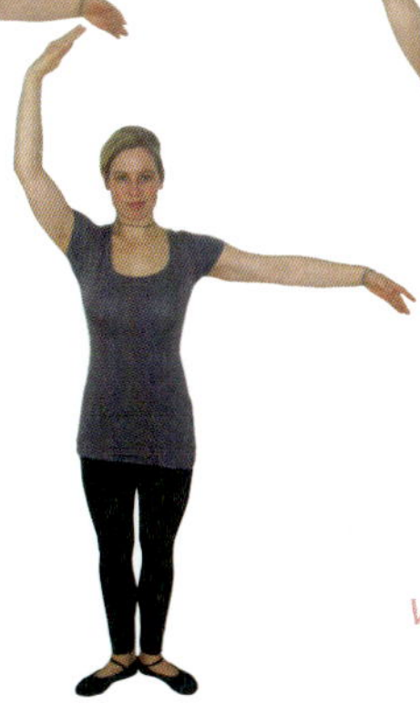

Dritte Position

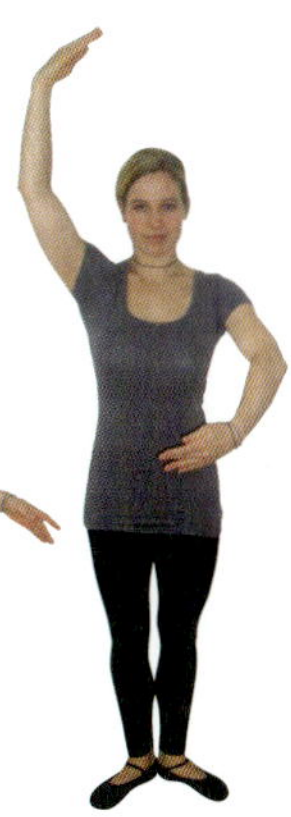

Vierte Position

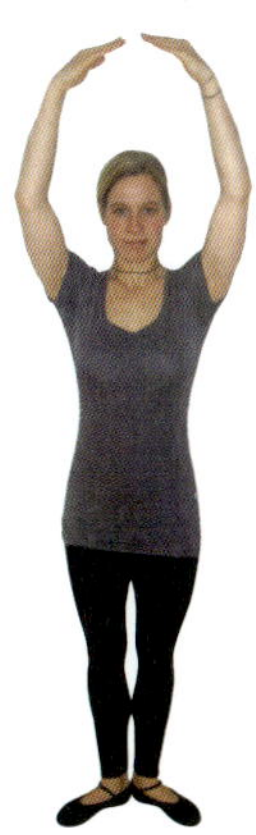

Fünfte Position

Arm- und Fußpositionen

Die Arme haben als Grundposition die Eiform. Die Finger sind lang. Der Daumen zeigt in Richtung Handfläche. Um die Haltung der Finger zu verdeutlichen, kann das Bild eines Schmetterlings, der mit zarten Fingern in der Hand gehalten wird, benutzt werden. Bei hohen Armpositionen die Schultern nicht mit anheben!

4-6 Jahre

Für die Altersgruppe der 4-6-Jährigen sind noch keine Exercises an der Stange zu empfehlen. Hier wird auch im klassischen Ballettunterricht eher mithilfe von Bildern gearbeitet, um so den Kindern die ersten Grundlagen der klassischen Körperhaltung und Schritttechniken zu vermitteln.

Es ist wichtig, die gerade Körperhaltung innerhalb des Unterrichts einzuführen und fortwährend zu schulen. Diese Fähigkeit sollen die Kinder später als feste Grundlage für alle tänzerischen Abläufe verinnerlicht haben und beherrschen.

Auch die Fuß- und Armpositionen können in dieser Altersgruppe bereits vermittelt werden. Dies sollte ebenfalls über anschauliche Bilder geschehen.

„Die neugierigen Füße"

Das Bild

Unsere beiden Füße sind die besten Freunde und wollen immer ganz nah zusammen sein.

Vorgehensweise

Die beiden Füße sind an ihren Fersen miteinander verbunden. Ihre beiden Nasenspitzen gucken aber zu den Seiten hin in die Welt hinaus, um zu sehen, was da so alles passiert. Sie wollen trotzdem immer noch ganz nah beieinander sein.

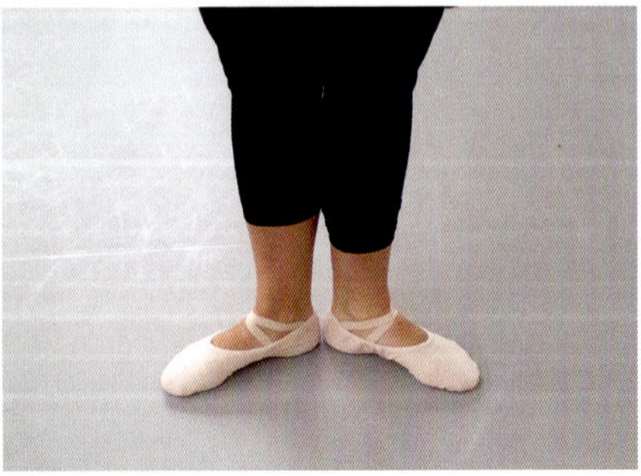

Erste Fußposition

Dann wagt sich einer der beiden Füße ein Stück weit hinaus, um sich die Welt ein bisschen genauer anzusehen. Er schiebt sich ein Stückchen weg vom anderen Fuß und bleibt dann stehen, mit seiner Nasenspitze nach außen, damit er auch alles sehen kann.

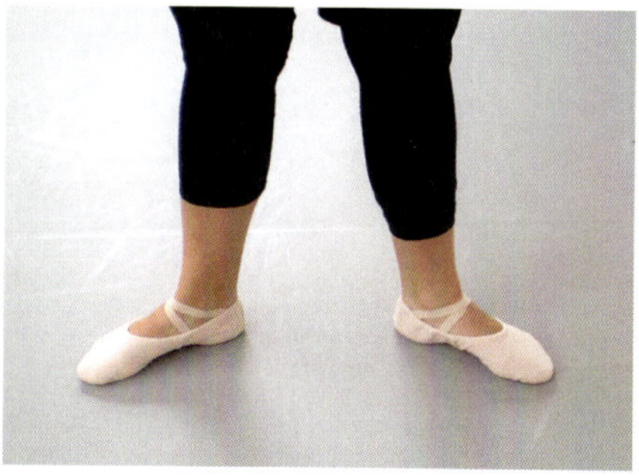

Zweite Fußposition

Das traut er sich aber nicht allzu lange und geht schnell wieder zurück zum anderen Fuß – Ferse an Ferse und Nasenspitzen nach außen. **Zurück zur ersten Fußposition.**

Nun wagt sich der andere Fuß auch ein bisschen zur Seite heraus, um sich die Welt auch einmal genauer anzusehen. Schnell geht er dann wieder zum anderen Fuß zurück.

Wieder in die zweite Fußposition – mit dem anderen Fuß. **Und zurück in die erste Fußposition.**

Der erste Fuß freut sich so sehr, dass der andere Fuß wieder bei ihm ist, dass er sich noch ein wenig näher an ihn kuscheln möchte. Er schiebt seine Ferse ein bisschen vor die Ferse des anderen Fußes, sodass sie sich noch näher sein können.

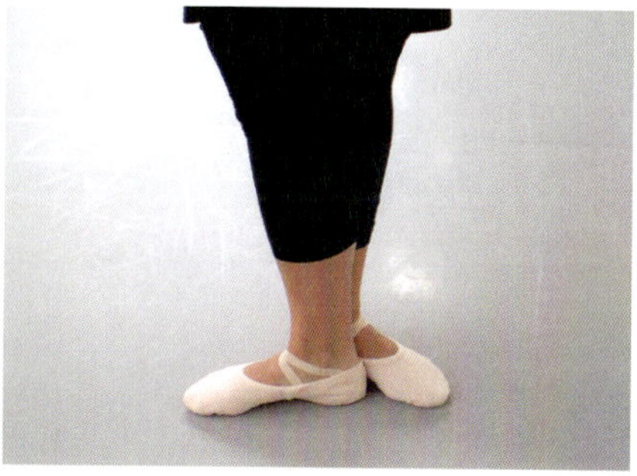

Dritte Fußposition

2

Nun will der erste Fuß auskundschaften, was in der Welt nach vorne hin alles los ist. Und er schiebt sich langsam ein bisschen nach vorne raus. Dabei zeigt seine Nasenspitze seitlich nach außen und seine Ferse zeigt ihm den Weg nach vorne.

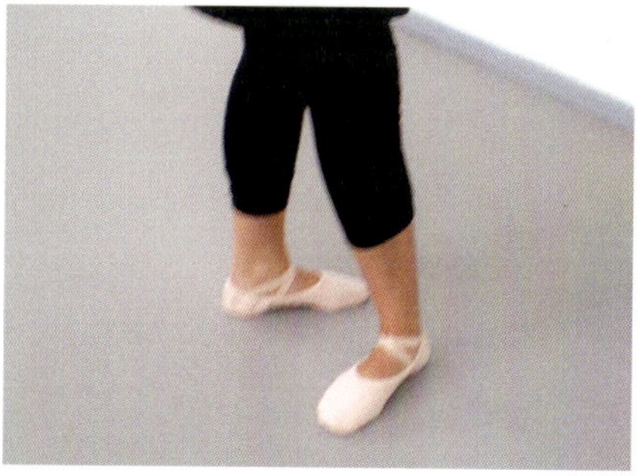

Vierte Fußposition

Bald wird ihm das alles doch zu unheimlich und er geht ganz schnell zurück zum anderen Fuß und kuschelt sich ganz eng an ihn. Dabei setzt er seine Ferse vor die Nasenspitze des anderen Fußes und schmiegt sich dabei ganz eng an ihn heran.

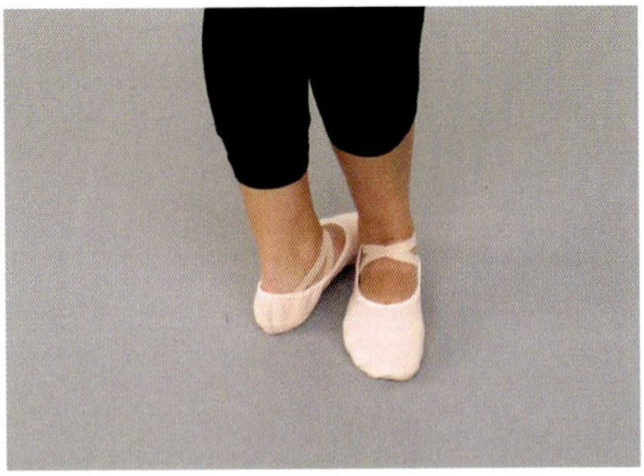

Fünfte Fußposition

Der zweite Fuß kann natürlich auch noch einmal nachsehen, was vorne in der Welt passiert und sich in die vierte Fußposition schieben und dann zurück in die fünfte Fußposition zum Kuscheln!

★ Die fünfte Fußposition sollte frühestens mit Kindern ab sechs Jahren durchgeführt werden. Nach meiner Meinung sogar erst ab acht Jahren!

Diese Übung zur Einführung der Fußpositionen des klassischen Balletts sollte mit den Kindern im Kreis stehend durchgeführt werden. Dabei erzählt die Lehrperson die Geschichte der beiden neugierigen Füße und geht deren Erlebnisse mit den Kindern durch.

Weitere Übungen für die Altersgruppe 4-6 Jahre zur Einführung von Elementen des klassischen Balletts finden Sie in den Teilkapiteln 2.1 und 2.2!

- Die Tänzerhaltung aufbauen (Schulung der geraden Körperhaltung).
- Den Tanzfaden schießen (Schulung der geraden Körperhaltung und der Balance).
- Der Wolkentanz (Einführung der Armpositionen, sowie des Demi Pliés und Relevés).
- Mit den Füßen malen (Schulung des gestreckten Fußes, sowie Einführung von Ronde Jambes und Pointés).
- Die Füße anspitzen (Einführung und Schulung des gestreckten Fußes).

2.7.2 Kleine Schrittfolge aus klassischen Schrittelementen für Kinder von 4-6 und von 6-9 Jahren

„Der Puppentanz"

Dieser Tanz kann sowohl im Kreis als auch vor dem Spiegel im Frontalunterricht angeleitet werden.

Position

Die Kinder stehen in der ersten Fußposition. Die Arme sind ebenfalls in der ersten Armposition.

Das Bild

Wir sind aufziehbare Puppen, die zur Musik beginnen, an ihrem Platz zu tanzen.

1 + 2	Der Oberkörper wird leicht nach rechts und wieder zurückgebeugt. Dabei gehen wir ins Demi Plié.
3 + 4	Der Oberkörper wird leicht nach links gebeugt und wieder zurück in die gerade Haltung. Dabei gehen wir ins Demi Plié.
5 + 6	Wiederholung rechts
7 + 8	Wiederholung links
1 – 4	Mit dem rechten gestreckten Fuß 4 x nach vorne auf den Boden tippen (Tendu mit Pointé).
5 – 8	Mit dem linken gestreckten Fuß 4 x nach vorne auf den Boden tippen.
1 + 2	Den rechten Arm seitlich nach außen bringen, in die zweite Armposition.
3 + 4	Den linken Arm ebenfalls seitlich nach außen bringen, in die zweite Armposition.
5 – 8	4 x in die Hände klatschen.
1 – 4	Langsam die Arme nach oben in die fünfte Armposition bringen und sich dabei auf die Zehenspitzen hochziehen. Die Füße können in der ersten Fußposition sein – können aber auch parallel stehen!

6-9 Jahre

Mit dieser Altersgruppe können bereits einfache, kleine Exercises an der Stange durchgeführt werden.

Ebenso können mit den Kindern bereits einfache Übungen, Sprünge oder kleine Drehungen im Raum oder durch die Diagonale durchgeführt werden.

Auch für diese Altersgruppe sind dabei Bilder für die einzelnen Übungen zur Veranschaulichung wichtig und förderlich.

Wir möchten hier allerdings nur einen kleinen Ausschnitt möglicher Übungen für diese Altersgruppe geben, da dieser Bereich nicht unbedingt in den kreativen Kindertanz hineingehört. Dennoch möchten wir Ihnen die Möglichkeit geben, einfache klassische Inhalte in Ihren Unterricht einbauen zu können.

Das Training

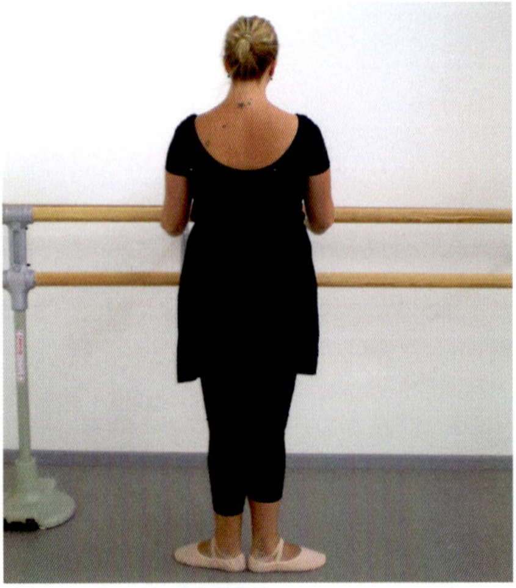

An der Stange

Mit beiden Händen zur Stange beginnen, für eine bessere Kontrolle der Körperhaltung.

Wichtig für die korrekte Ausrichtung des Körpers:

Die Füße stehen in der ersten Fußposition. Dabei sollte die Ausdrehung der Füße den individuellen Möglichkeiten der Kinder entsprechen. **Kein Kind sollte die Füße mit Gewalt nach außen drehen, damit sie stärker auswärts gedreht sind!**

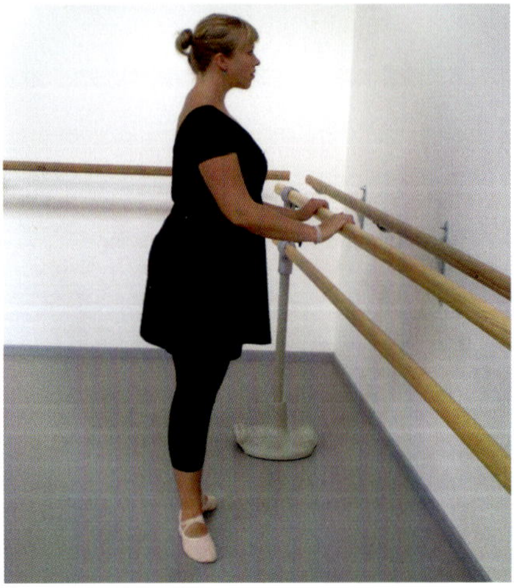

Die Knie zeigen in der ersten Fußposition nach außen in Richtung Fußspitzen. Das Steißbein zieht nach unten zwischen die Fersen, sodass die Kinder nicht im Hohlkreuz stehen. Bauch und Po sollten in Spannung sein. Die Schultern ziehen nach unten, weg von den Ohren.

Battements Tendus

Beim „Rausschieben" des Fußes führt die Ferse. Die Fußspitze zeigt dabei nach außen. Zum Ende der Bewegung wird der Fuß langsam in eine Streckung gebracht. Die Bewegung beginnt aus der ersten Fußposition heraus.

Dieser Vorgang sollte mit Kindern nach vorn und zur Seite wiederholt werden. Die rückwärtige Position eignet sich für Kinder noch nicht.

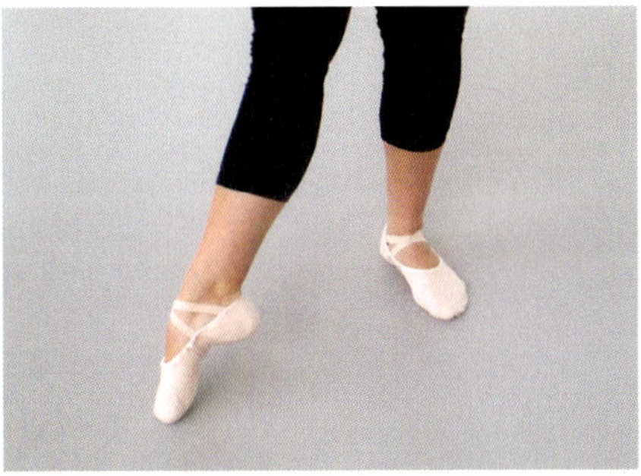

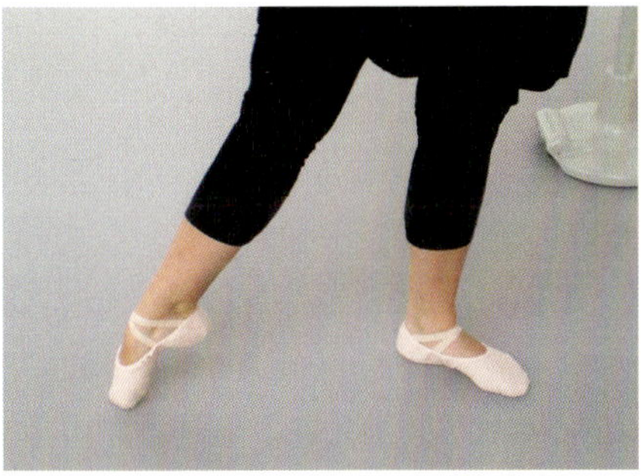

Demi Plié

Die Knie ziehen beim Beugen in Richtung der Fußspitzen. Das Steißbein zieht weiterhin nach unten zwischen die Fersen. Die Fersen bleiben dabei im Boden verankert. Der Rücken bleibt gerade – kein „Entenpo"!

Mögliche Bezugnahme auf den vielleicht bereits bekannten „Wolkentanz" und „Die neugierigen Füße" (Teilkapitel 2.2 und 2.7).

Dann eine Hand zur Stange. Immer mit beiden Seiten arbeiten. Deswegen sollten die einzelnen Übungen nicht zu lange dauern.

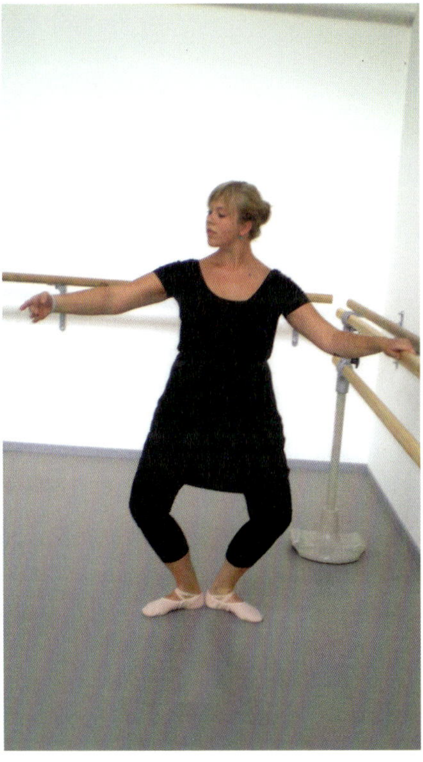

2

Demi Plié und Grand Plié

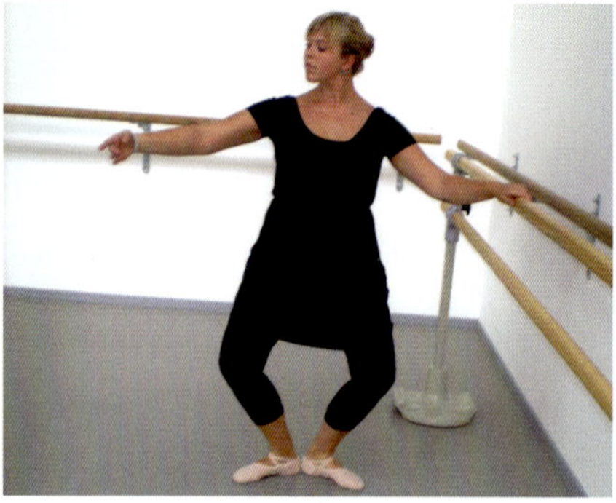

Beim Demi Plié ziehen die Knie in Richtung der Fußspitzen nach außen. Das Steißbein zieht zwischen die Fersen zum Boden, sodass kein Hohlkreuz entsteht. Die Schultern ziehen nach unten. Die Fersen bleiben, trotz der Beugung der Knie, fest mit dem Boden verbunden!

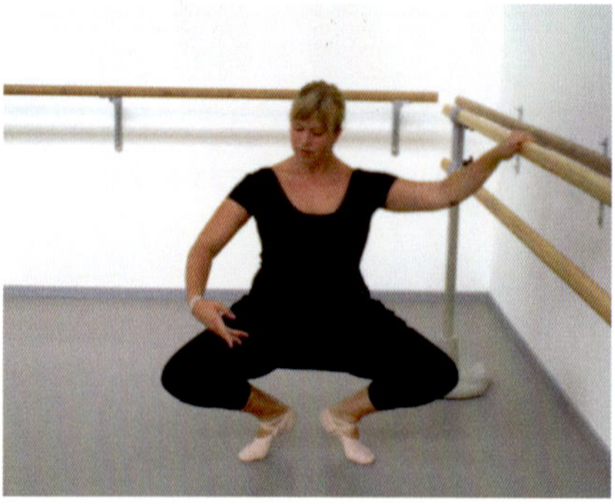

Beim Grand Plié dürfen die Fersen vom Boden abheben. Die Knie ziehen weiter in Richtung Fußspitzen. Der Rücken bleibt gerade – kein „Entenpo"! Das Steißbein zieht zwischen die Fersen nach unten.

Battement Tendus Jeté

Der Bewegungsablauf bleibt der Gleiche, wie bei den Battements Tendus. Hierbei wird zum Ende des Bewegungsablaufs der Fuß bzw. das Bein leicht (45°) angehoben. Auch hier wird aus der ersten Fußposition mit dem Bewegungsablauf begonnen. Auch hier ist die rückwärtige Position für Kinder bis sechs Jahre nicht geeignet.

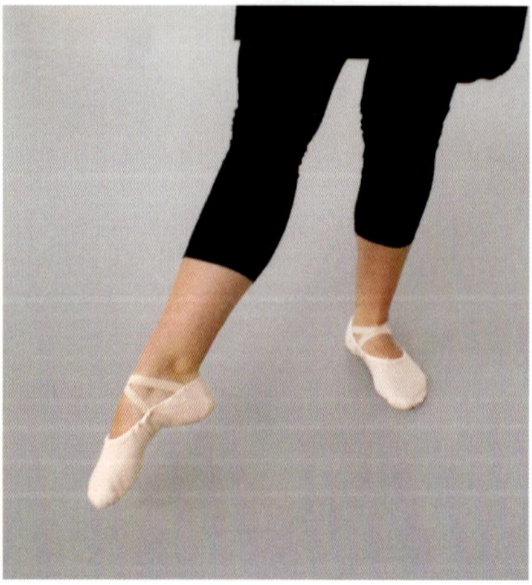

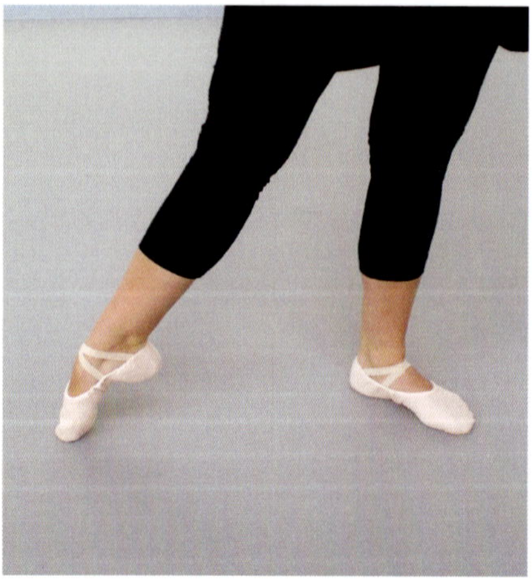

Ronde de Jambes par Terre

Kreise malen mit den Füßen – Bezugnahme auf vorherige Einführung!

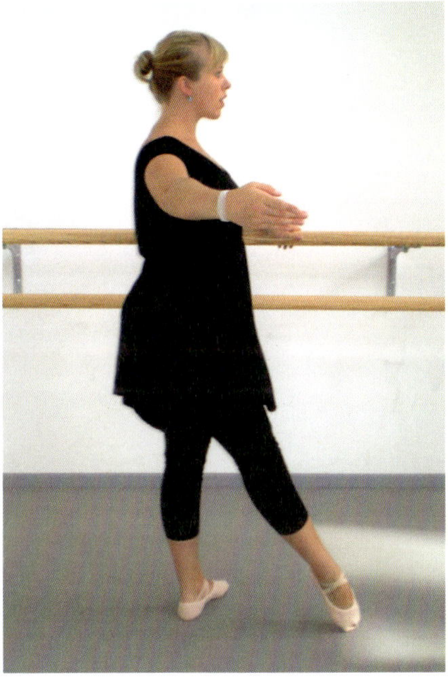

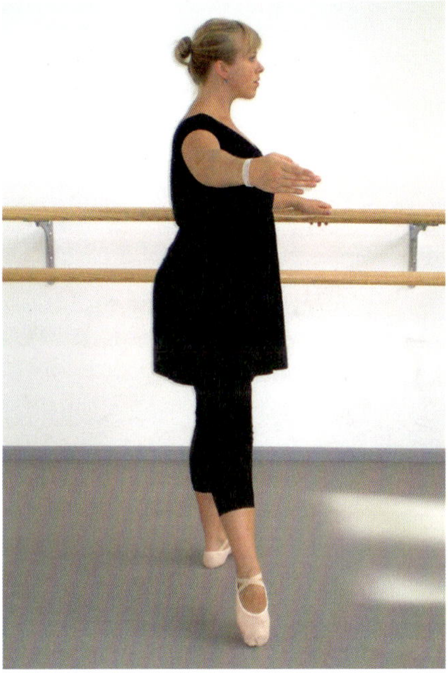

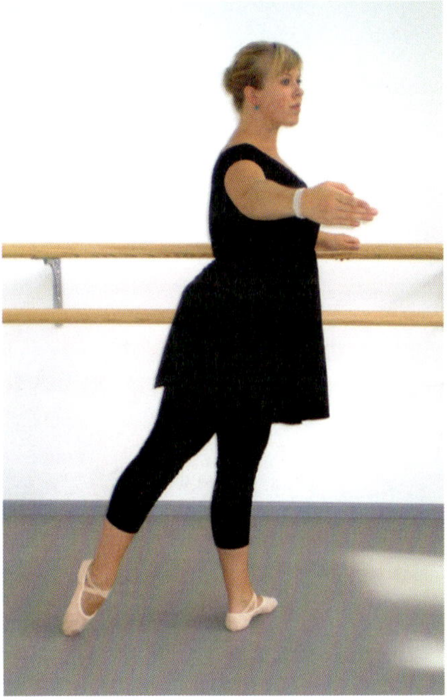

Bei dieser Übung wird mit dem gestreckten Fuß ein Kreis um das Standbein gezeichnet. Der Fuß schiebt nach vorne heraus, wird dann zur Seite geführt und weiter nach hinten. Anschließend wird der Fuß durch die erste Position wieder nach vorn gebracht. Der Fuß bleibt dabei im Auswärts. Das Bein bleibt während der Übung gestreckt. Die Bewegung wird aus der ersten Fußposition begonnen.

Langsames Frappé

(Als Bild: Der Fuß bildet ein kleines Fähnchen am Fußgelenk.)

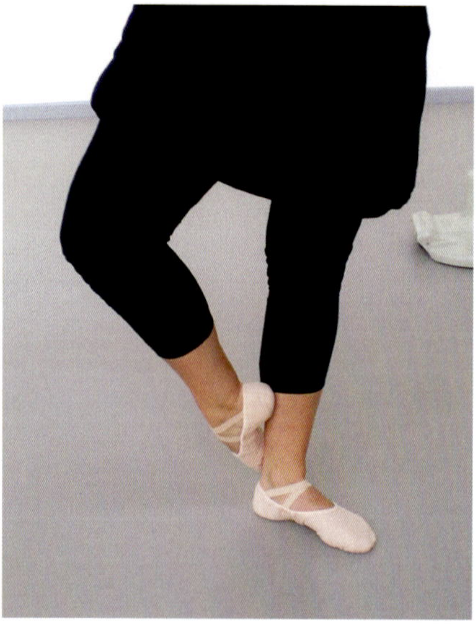

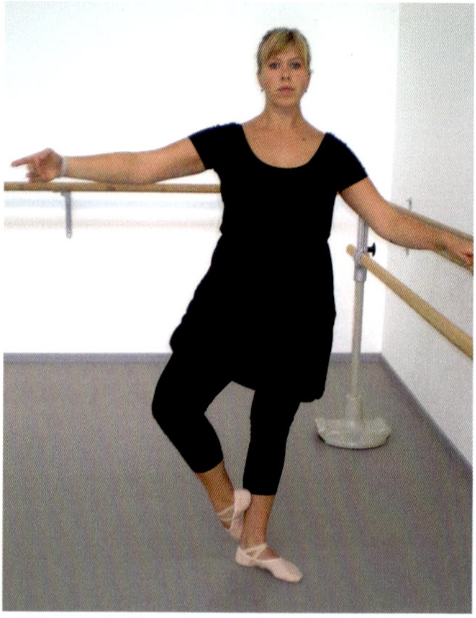

In der Diagonalen

Tänzerschritt

Mit gestreckten Füßen und gerader Körperhaltung durch den Raum gehen.

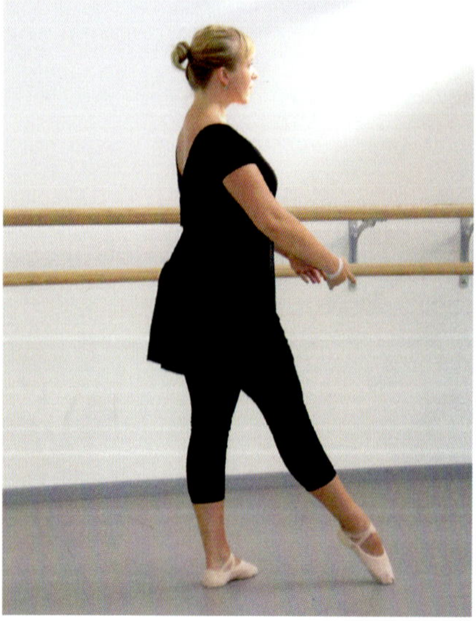

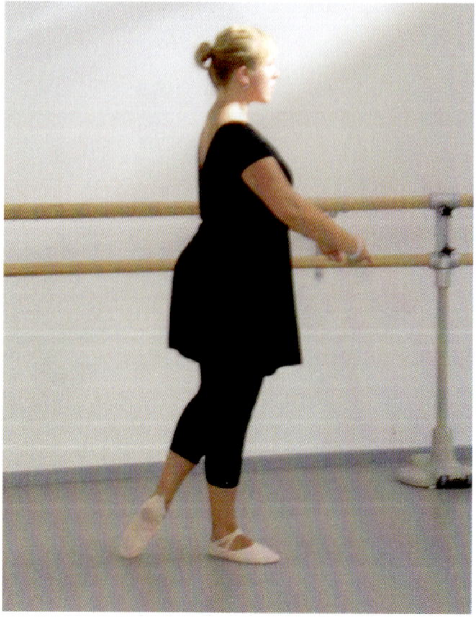

Skips

Sonnenscheinhüpfer – wie ein fröhliches Mädchen durch die Welt hüpfen. Die Hände sind in die Hüften eingestützt. Wir springen von einem Fuß auf den anderen.

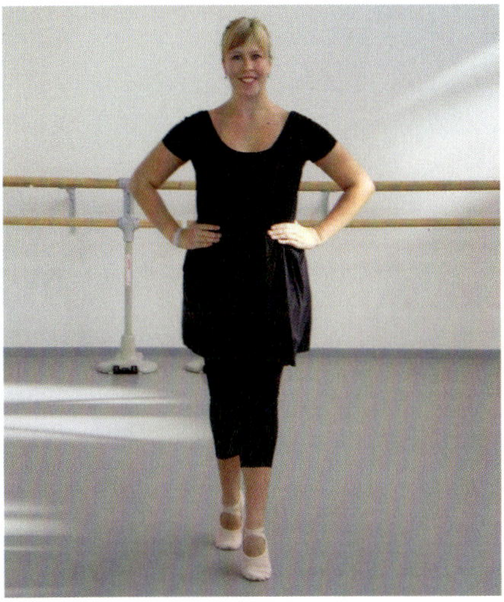

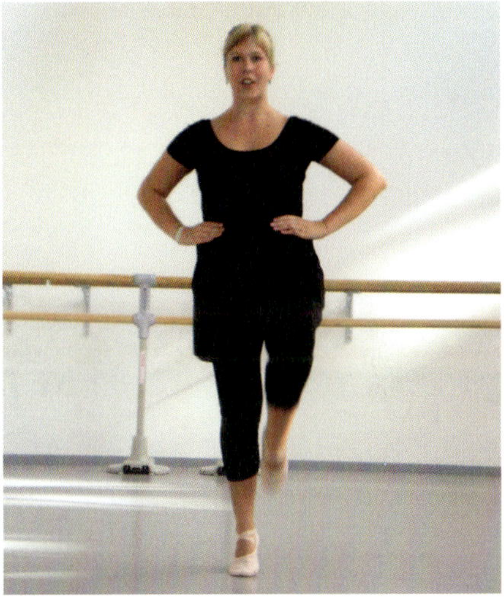

Assemblés

Schlittschuhhüpfer – wie mit einem Schlittschuh zuerst mit dem vorderen Fuß über das Eis schieben (Bild 1). Das Gewicht wird dabei langsam auf diesen, vorderen Fuß verlagert (Bild 2). Schließlich ist das ganze Gewicht auf den vorderen Fuß abgegeben worden, das hintere Bein ist lang gestreckt (Bild 3). Aus dieser Position (Bild 4) wird zum Sprung abgehoben.

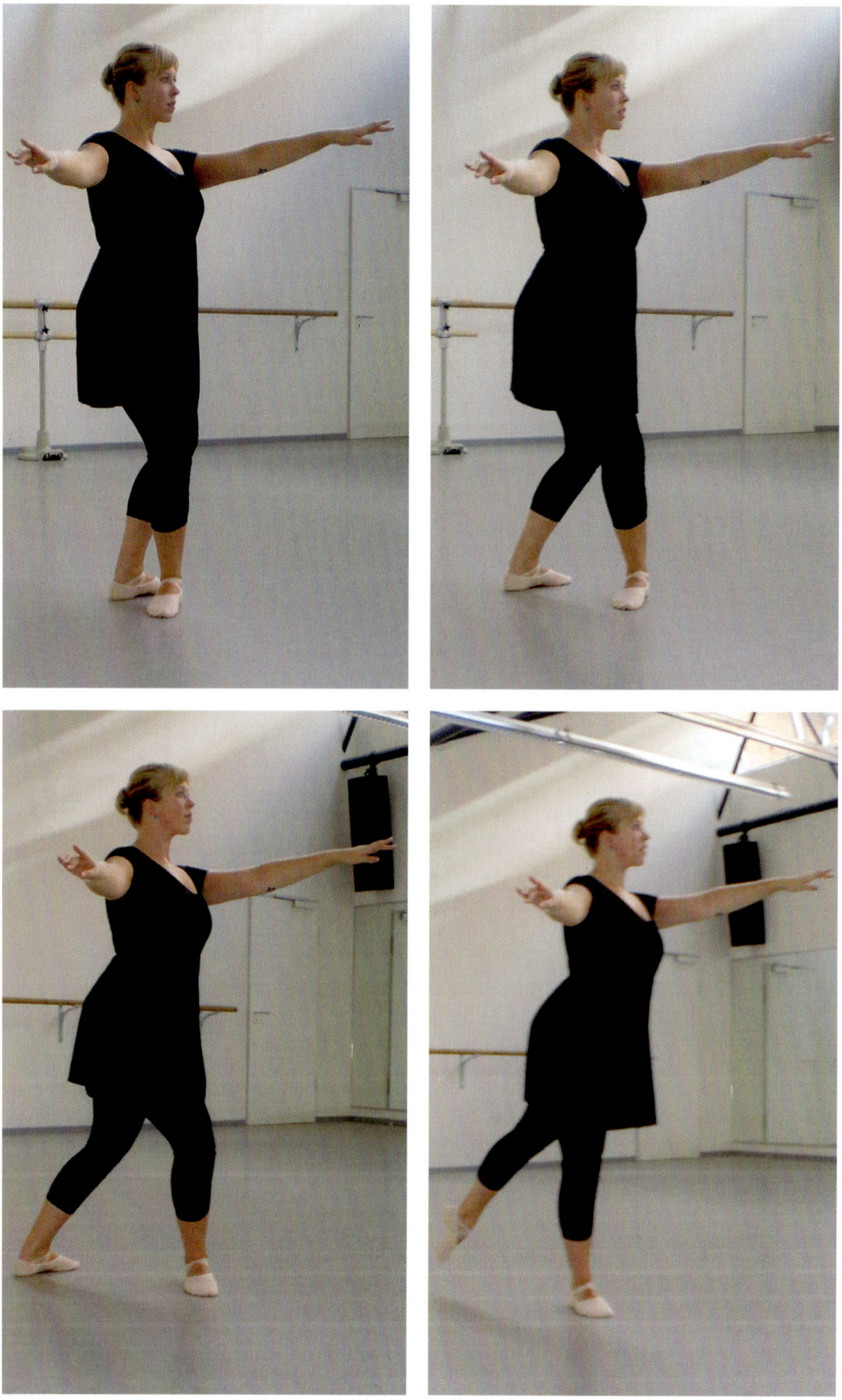

Chassés

Mondscheinhüpfer oder Seitgalopp.

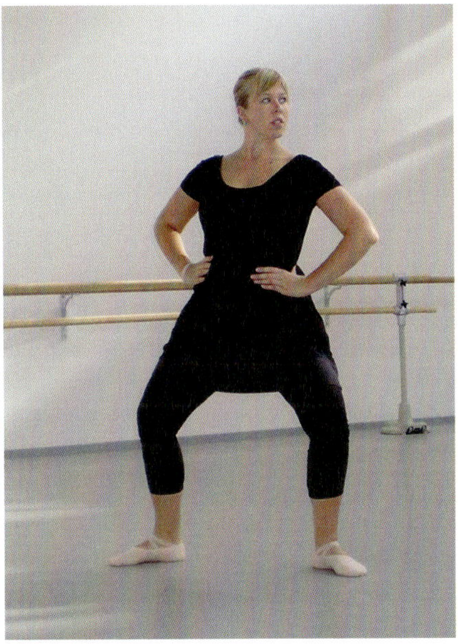

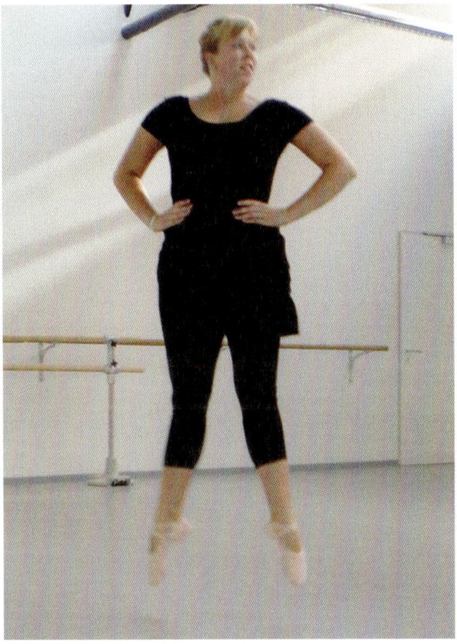

Jetés

Pfützensprünge – mit lang gestreckten Beinen und gestreckten Füßen über eine Pfütze springen. Mögliche Einführung innerhalb der „Zauberräume", also bei der Improvisation (Kap. 4.3).

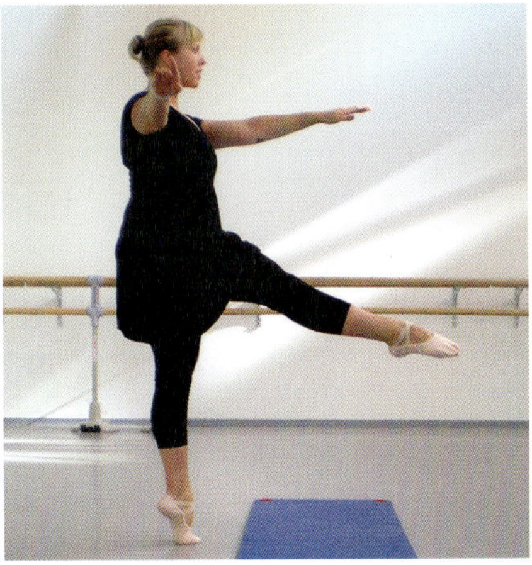

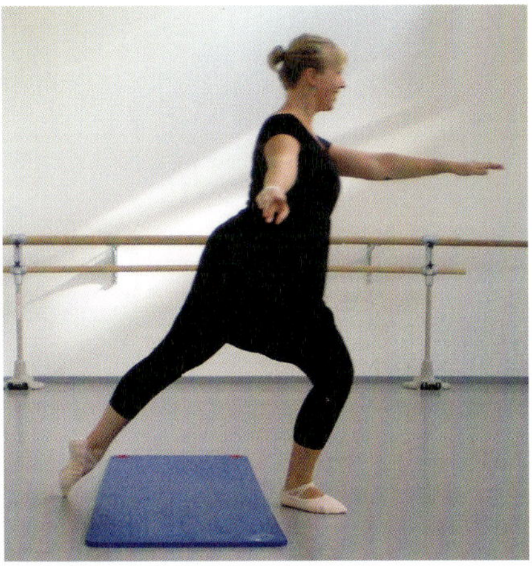

2

Für jede Stunde sollten nur 1-2 Übungen ausgewählt werden!

2.8 Dehnungsübungen und -spiele (4-6 Jahre/6-9 Jahre)

Zunächst stellen wir Ihnen zwei Übungen vor, die für die kleineren Kinder von vier und fünf Jahren möglich sind. Hier sollte die Dehnung noch nicht zu stark sein, da die Muskulatur erst einmal an die Dehnung gewöhnt werden muss.

In jeder Stunde sollte ein Dehnungsbaustein vorhanden und eingefügt werden, da viele Kinder durch Bewegungsmangel bereits stark verkürzte Sehnen und Muskeln aufweisen.

2.8.1 „Wir segeln" (4-6 Jahre)

Die Kinder sitzen mit der Lehrperson im Kreis. Alle sitzen im „Froschsitz" – dabei zeigen die Knie nach außen, wie beim Schneidersitz und die Fußsohlen sind aneinandergelegt. Die Kinder legen die Hände an die Fußgelenke!

Das Bild

Wir sitzen in unserem Segelschiff und wollen lossegeln.

Vorgehensweise

Zunächst segeln wir ganz ruhig dahin. Dabei schaukelt das Schiff ganz leicht auf den Wellen hin und her.

- Wir schaukeln in der Sitzposition leicht von einer zur anderen Seite, dabei werden die Rückseiten der Oberschenkel leicht gedehnt.

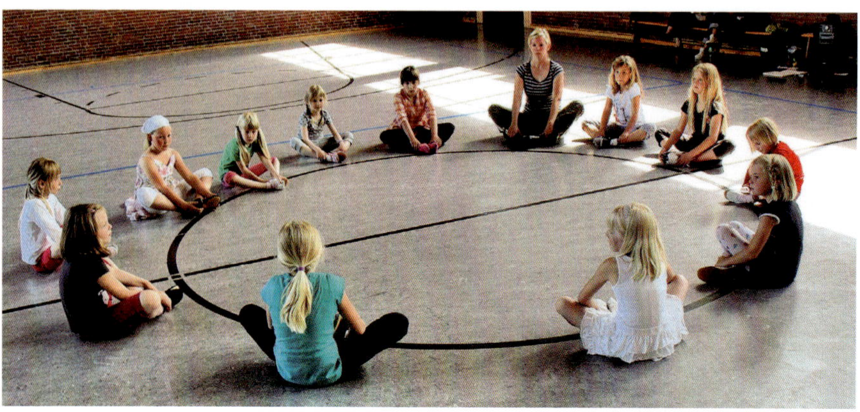

Dann kommt ein stärkerer Wind auf und das Schiff beginnt mehr und mehr zu schaukeln.

- Das Schaukeln zu den Seiten wird verstärkt.

Wir müssen nun die Segel setzen, damit unser Schiff nicht umkippt.

- Wir bringen beide Arme lang gestreckt über die Seiten nach oben über den Kopf, um eine Dehnung der Armmuskulatur und des Schultergelenks zu erreichen.

Der Wind fährt in unsere Segel und wiegt sie hin und her.

- Wir wiegen den Oberkörper und die gehobenen Arme hin und her, um dabei eine Dehnung der Körperseiten zu erzielen.

Der Wind lässt langsam wieder nach und wir holen die Segel wieder ein. Das Schiff schaukelt wieder sachte auf den Wellen hin und her.

- Die Hände kommen wieder zu den Fußgelenken und wir wiegen uns wieder leicht von Seite zu Seite.

Dieser Ablauf kann mehrere Male wiederholt werden, indem der Wind auf unserer Segelfahrt immer wieder stärker wird und wir mehrere Male die Segel setzen müssen!

2.8.2 „Die Kinder ins Bett bringen" (4-6 Jahre)

Diese Dehnungsübung wird anhand einer Geschichte durchgeführt. Diese Geschichte wird dabei von der Lehrperson erzählt und die entsprechenden Übungen bzw. leichten Dehnungen von den Kindern dazu ausgeführt. Die einzelnen Übungen sowie deren Zielsetzungen für den Körper sind dadurch in anschauliche Bilder verpackt.

2

Vorgehensweise/Geschichte

Die beiden Kinder sind unsere zwei Füße. Die Mutter wird von den Fingern gespielt.

Die Kinder sitzen mit der Lehrperson im Kreis mit lang ausgestreckten Beinen, die eng nebeneinanderliegen. Die Füße sind ebenfalls direkt aneinandergelegt und lang gestreckt.

„Es wird draußen langsam dunkel und Zeit, dass die Kinder ins Bett gehen. Die beiden liegen schon in ihrem Bett, ganz eng aneinandergekuschelt und haben sich lang ausgestreckt."

Anfangsposition

„Da geht die Mutter vom Wohnzimmer ins Kinderzimmer, ganz bis nach vorne ans Kinderbett, um den beiden gute Nacht zu sagen."

Mit den Fingern krabbeln wir im Sitzen von der Hüfte, die Beine entlang, nach vorne zu den Füßen. Die Beine sollen dabei möglichst gestreckt bleiben, um eine Dehnung zu erreichen.

„‚Kinder, ihr sollt schlafen', sagt die Mutter. Und sie deckt die beiden ordentlich bis zur Nasenspitze zu und jedes Kind bekommt noch einen Kuss."

Das „Kommando" der Mutter sprechen alle Kinder laut mit! Dabei mit dem erhobenen Zeigefinger wedeln. Dann streichen wir mit den Händen über die Fußrücken (das Zudecken) und drücken auf jede Fußspitze einen Handkuss (Kuss auf die Nasenspitze der Kinder).

Die Beine bleiben weiterhin gestreckt, um eine Dehnung zu erreichen.

„Dann geht die Mutter vom Kinderzimmer ins Wohnzimmer, setzt sich auf ihr Sofa, lehnt sich gemütlich zurück, nimmt ihr Buch und liest."

Mit den Fingern wandern wir wieder über die gestreckten Beine zur Hüfte hoch. Wir lehnen den Oberkörper leicht zurück (Anlehnen auf dem Sofa), dadurch erreichen wir ein leichtes Training für die Bauchmuskulatur. Wir halten die Hände als aufgeschlagenes Buch vor das Gesicht und lesen.

„Und kaum sitzt sie dort, da hört sie doch aus dem Kinderzimmer einen riesigen Lärm! Die Kinder springen auf den Betten herum und schmeißen mit ihren Kissen. Da legt die Mutter ihr Buch zur Seite und geht vom Wohnzimmer ins Kinderzimmer, ganz bis nach vorne ans Kinderbett und sagt: ‚Kinder, ihr sollt schlafen!'. Und sie deckt die beiden wieder zu und jedes bekommt noch einen Kuss auf die Nasenspitze."

Alle Kinder trampeln mit den Füßen auf dem Boden, um den Lärm der Kinder zu machen. Dann klappen alle die Hände zusammen (das Buch) und krabbeln wieder mit den Fingern die gestreckten Beine entlang zu den Füßen. Alle zusammen sagen laut: „Kinder, ihr sollt schlafen!", mit erhobenem Zeigefinger. Dann streichen wir wieder mit den Händen über die Fußrücken und geben auf jede Fußspitze einen Handkuss – alles bei gestreckten Beinen!

„Dann geht die Mutter vom Kinderzimmer in die Küche und will sich noch einen Gute-Nacht-Tee machen. Sie nimmt einen Becher, tunkt den Teebeutel hinein und will dann einen großen Schluck nehmen (...)"

Wir krabbeln mit den Fingern wieder die Beine entlang hinauf zur Hüfte und deuten nun pantomimisch den beschriebenen Vorgang an:

- Becher nehmen und halten.
- Teebeutel mehrmals hineintunken.
- Gerade einen Schluck nehmen wollen.

2

„Doch kaum will sie davon trinken, da geht doch im Kinderzimmer schon wieder das Theater los – die springen schon wieder auf den Betten herum und schmeißen mit ihren Kissen. Da geht die Mutter von der Küche zum Kinderzimmer und sagt wieder: ‚Kinder, ihr sollt schlafen!'.

Dann deckt sie die Kinder wieder zu und jedes bekommt einen Kuss auf die Nasenspitze: ‚Jetzt wird aber geschlafen', sagt die Mutter."

Der Ablauf wird wiederholt!

„Dann geht die Mutter vom Kinderzimmer ins Badezimmer und will sich die Zähne putzen. Sie nimmt die Zahnbürste, macht Zahncreme darauf und fängt an zu putzen (...)"

Wieder krabbeln wir mit den Fingern die Beine entlang hinauf zur Hüfte und deuten den beschriebenen Vorgang pantomimisch an:

- Zahnbürste nehmen und halten.
- Zahncreme darauf
- und putzen.

„Doch kaum ist sie dabei zu putzen, da geht doch im Kinderzimmer schon wieder das Theater los (...)

Da geht die Mutter zum Kinderzimmer, ganz bis nach vorne zum Kinderbett und sagt dieses Mal: ‚Ich habe es euch 3 x gesagt! Wenn das nicht funktioniert, dann kommst du in das Zimmer und du in das Zimmer! Und zwar so weit auseinander, dass ihr keinen Quatschkram mehr machen könnt! Obendrein setze ich mich dazwischen mit meinem Buch und lese, sodass keiner mehr an mir vorbeikommt!'."

Wir krabbeln wieder mit den Fingern die Beine entlang nach unten zu den Füßen. Alle zusammen sagen den Satz der Mutter mit erhobenem Zeigefinger.

Nun wird ein Fuß nach dem anderen ((...) in das Zimmer und du in das Zimmer (...)) auf die Seiten gebracht, bis alle in der Grätsche sitzen. Je nach Dehnungsmöglichkeiten der Kinder kann man nun noch die Arme in die Mitte der Beine bringen und pantomimisch das Lesen darstellen. Durch den Grätschsitz erreichen wir eine Dehnung der Beininnenseiten.

Wichtig:
Achten Sie darauf, dass die Beine der Kinder nach außen liegen, d. h., die Knie sollen nicht nach innen fallen. Außerdem ist es wichtig, dass jedes Kind nur seinen Möglichkeiten entsprechend in die Dehnung geht!

„Aber da hört man aus den Zimmern ein leises Wimmern: ‚Bäähh! Wir wollen aber viel lieber in einem Zimmer schlafen! Biiittteeee!'"

‚Also gut', sagt da die Mutter, ‚bevor ich mir dieses Gejammer noch länger anhöre, machen wir einen letzten Versuch! Dann kommst du wieder in euer Zimmer und du kommst auch in euer Zimmer, beide wieder zusammen in euer Bett!'

Und sie deckt die Kinder nochmals zu und jedes bekommt einen Kuss: ‚Gute Nacht, ihr beiden – jetzt muss aber auch Schluss sein!'"

Alle zusammen jammern den Satz der beiden Kinder und machen noch ein längeres Weinen nach.

Dann wird ein Bein bzw. Fuß nach dem anderen wieder nebeneinander in die parallele Position gebracht. Wir streichen noch einmal mit den Händen über die Fußrücken und geben auf jede Fußspitze einen Handkuss.

2

„Dann wird die Mutter selbst ganz müde und legt sich in ihr Bett und schläft. Dabei schnarcht sie natürlich auch – und schnarcht so laut, bis der Wecker am nächsten Morgen klingelt: ‚klingeling, klingeling (...)'."

Wir recken und strecken uns und gähnen laut dazu. Dann rollen wir langsam den Oberkörper nach unten auf den Boden, sodass wir auf dem Rücken zum Liegen kommen (Kräftigung der Bauchmuskulatur). Dort bleiben wir eine Weile liegen und schnarchen laut.

Die Lehrperson macht dann den lauten Klingelton des Weckers.

„Da rappelt sich die Mutter langsam auf und steht auf. Aber, psst! Sie horcht ins Haus – da ist ja alles noch ganz leise. Die beiden Kinder schlafen noch. Die haben ja gestern Abend auch solange Theater gemacht. Die müssen jetzt geweckt werden.

Da schleicht die Mutter zum Kinderzimmer, ganz bis nah vorne zum Kinderbett.

Dann weckt sie ganz vorsichtig zuerst das eine Kind auf und dann das andere Kind. Jedes bekommt einen Guten-Morgen-Kuss auf die Nasenspitze: ‚So, nun beeilt euch, ihr beiden. Es ist schon spät', sagt die Mutter."

Wir kommen langsam hoch und richten den Oberkörper wieder auf. Wir recken und strecken uns noch einmal. Dann lauschen wir mit den Händen an den Ohren. Wir krabbeln mit den Fingern die Beine entlang zu den Füßen. Wir richten zuerst den einen Fuß auf in die geflexte Position und dann den anderen Fuß. Auf beide Fußspitzen geben wir einen Handkuss.

„Dann stehen die beiden Kinder schnell auf, ziehen sich an und gehen in den Kindergarten (oder in die Schule!)."

2.8.3 „Salat schnippeln" (4-6 Jahre/6-9 Jahre)

Das Bild

Wir wollen zusammen einen großen Salat machen. Entweder einen Obstsalat oder einen grünen Salat. Dazu müssen alle mitarbeiten und etwas für den Salat kleinschnippeln.

Vorgehensweise

Alle sitzen im Kreis zusammen. Die Beine sind parallel nebeneinander und lang ausgestreckt. Zuerst darf jedes Kind eine Zutat für unseren Salat, die es gerne isst und im Salat dabei haben möchte, selbst schnippeln. Die Lehrperson fragt jedes Kind, welche Zutat es denn gleich für den Salat schnippeln möchte.

Die Beine sind in diesem Fall die Zutaten, die auf dem Brettchen bereit zum Schnippeln liegen. Wir heben unsere „Salatmesser", unsere Hände, hoch. Diese müssen wir noch schärfen – dazu reiben wir die Hände aneinander.

Dann atmen wir alle zusammen tief ein, damit wir alle gleichzeitig losschnippeln können. Wir schnippeln mit den Händen in kurzen Abständen die ausgestreckten Beine entlang bis hinunter zu den Füßen und sagen dazu: „Schnippel, schnippel, schnippel, schnippel (...) schnapp!"

Wir erreichen dadurch eine Dehnung auf der Rückseite der Beine.

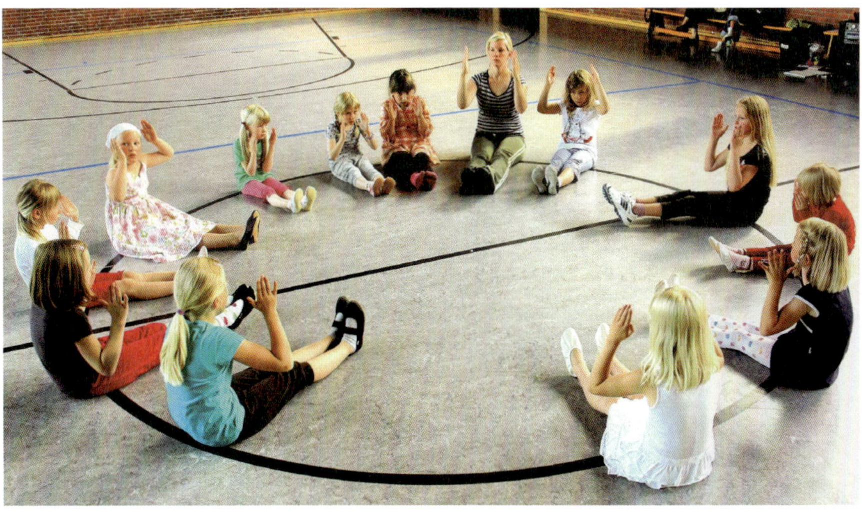

„Salatmesser hochheben"

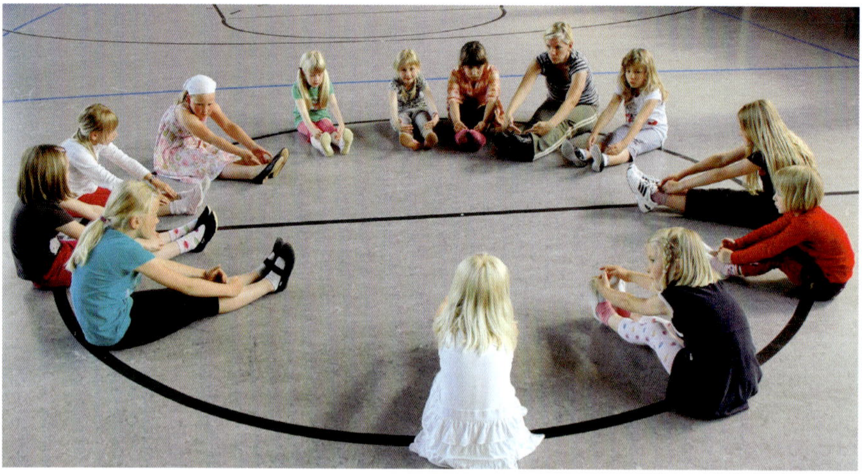

„Zutaten schnippeln"

Dieser Vorgang sollte mehrmals wiederholt werden!

Anschließend schütteln wir alle geschnippelten Zutaten in die große Salatschale.

- Wir schütteln dabei die Beine kräftig in Richtung Kreismitte aus.

Wir setzen uns auf die Unterschenkel, um besser an die Salatschale zu kommen.

Wir rühren den Salat einmal mit einem großen Löffel in der rechten Hand um.

- Dazu führen wir mit dem rechten Arm eine große, kreisende Bewegung aus, um eine Dehnung des Schultergelenks zu erreichen.

Das wiederholen wir mit einem großen Löffel in der linken Hand.

- Dazu führen wir die kreisende Bewegung mit dem linken Arm aus.

Dann nehmen wir einen imaginären Löffel und probieren unseren Salat!

2.8.4 „Der Zauberstern" (4-6 Jahre/6-9 Jahre)

Das Bild

Alle zusammen bilden wir einen Zauberstern am Himmel. Zuerst schläft dieser noch und hat sich ganz klein zusammengefaltet. Dann wird es Nacht und der Stern beginnt, sich langsam aufzufalten und am Himmel zu strahlen.

Vorgehensweise

Alle Kinder sitzen im Kreis in der gegrätschten Position. Die Füße der benachbarten Kinder berühren sich dabei, sodass jeweils Zacken eines Sterns entstehen. Wir erreichen dabei eine Dehnung der hinteren Beinmuskulatur.

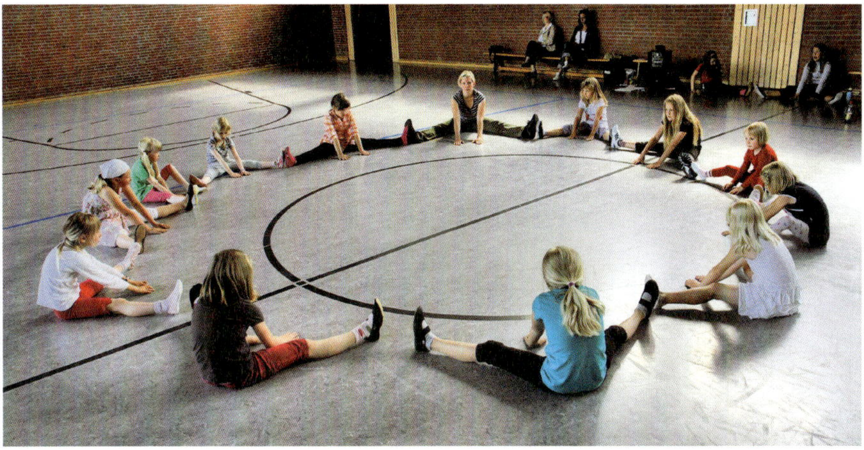

Alle Arme zeigen zur Kreismitte – der Stern schläft noch. Die Dehnung wird dabei verstärkt. Dann heben wir die Arme langsam nach oben hoch, bis sie lang über dem Kopf ausgestreckt sind – der Stern wacht auf und entfaltet sich.

Wir wiegen die Arme über dem Kopf hin und her – der Stern strahlt am Himmel. Dabei werden zusätzlich die Seiten des Oberkörpers gedehnt.

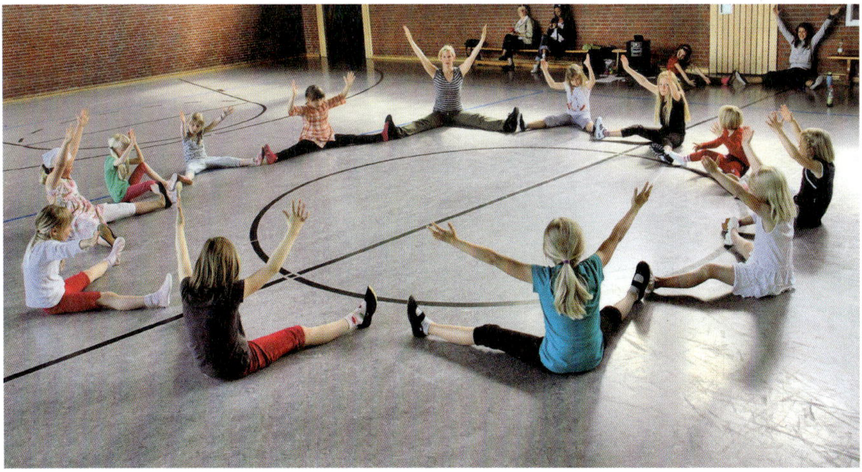

Nun darf ein Kind über den Zauberstern laufen. Die Aufgabe ist, durch die inneren und äußeren Zacken des Sterns zu laufen. Dabei geht das Kind langsam mit gestreckten Füßen einmal um den ganzen Stern herum. Die anderen Kinder sollen dabei in der gegrätschten Position sitzen bleiben und den Rücken lang und gestreckt halten.

Mit dem Gehen durch die „Sternzacken" wird eine Schulung der Koordinationsfähigkeit (innen/außen) erzielt.

Es können pro Stunde 2-3 Kinder über den Zauberstern laufen. Natürlich wollen alle Kinder gerne über den Stern gehen. Um Streitigkeiten und Quengeleien zu vermeiden: Die Lehrperson lässt mit geschlossenen Augen den Finger kreisen und die Kinder sollen „Stopp" sagen – das Kind, bei dem der Finger anhält, ist dran. Hierbei kann man sich auf „den Zufall" berufen: Der Zufall hat entschieden. Dennoch kann die Lehrperson, wenn sie weiß, wo die Kinder im Kreis stehen, die Wahl beeinflussen! Die Lehrperson führt extra für diese Übung eine Liste und kann immer abhaken, welches Kind bereits dran war und welches als Nächstes laufen darf.

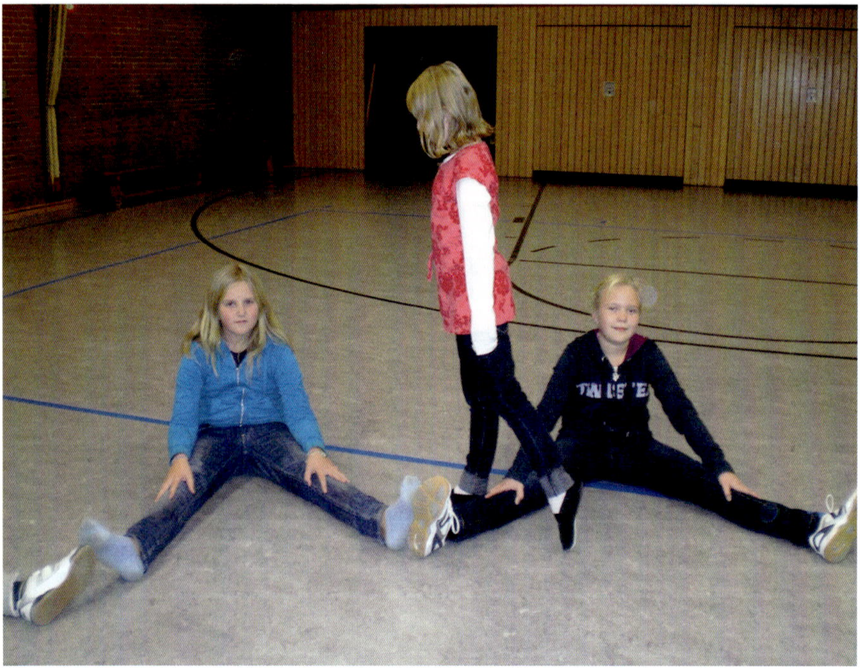

2.9 Übungen zur Fokussierung auf die Lehrperson/Koordinationsspiele

2.9.1 „Das Spiegelbildspiel" (4-6 Jahre/6-9 Jahre)

Diese Übung eignet sich für alle Kurse mit Kindern der Altersgruppen 4-6 Jahre und 6-9 Jahre.

Vor allem bei großen Gruppenstärken hilft diese Übung, die Kinder wieder zur Ruhe zu bringen und ihre Aufmerksamkeit schnell und ohne großen Energieaufwand auf die eigene Person zu richten. Sie kann während der Stunde zwischendurch immer wieder angewendet werden.

Vorgehensweise

Die Kinder stehen in einer Reihe nebeneinander im Raum. Beispielsweise am Anfang des Improvisationsbausteins, am „Eingang des Zauberhauses" (s. Kap. 4).

Die Lehrperson steht vor den Kindern und sagt: „Ihr seid mein Spiegelbild und müsst alles genauso machen wie ich!" Nun sind der Fantasie keine Grenzen gesetzt. Die Lehrperson kann alle zur Verfügung stehenden Facetten einsetzen – je verrückter, desto besser!

Beispiele

Geräusche und Bewegungen

- räuspern,
- gähnen,
- lautes „HÄ?" mit der Antwort: „Ach so!", dabei den Oberkörper vorbeugen und wieder zurück,
- sich laut erschrecken mit einem Geräusch dazu,
- ein leises „Psst" und den Finger dabei an den Mund legen,
- auf etwas im Raum zeigen und sich dabei laut erschrecken,
- ein arrogantes „Phhh" und dabei mit den Schultern zucken und
- mit dem Fuß aufstampfen und ein beleidigtes Geräusch dazu machen.

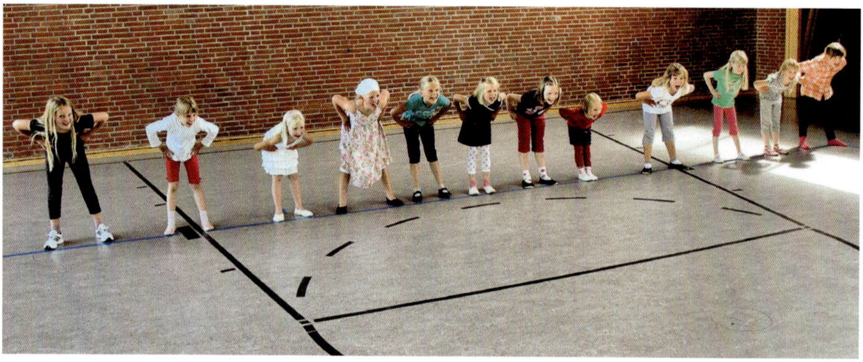

Bewegungen

- Seitgalopp,
- auf der Stelle marschieren,
- am Platz hüpfen,
- vier Schritte vor und vier Schritte zurück,
- mit den Armen winken und
- einen Handkuss zuwerfen.

Wenn Sie immer wieder die gleichen Geräusche oder Bewegungen einbauen, dann werden die Kinder diese schon bald wiedererkennen.

So kann innerhalb der Stunde, an ganz anderer Stelle, wenn die Aufmerksamkeit der Kinder schwindet, oder es zu laut wird, eines der bekannten Geräusche aus „Dem Spiegelbild" eingebracht werden und die Kinder werden umgehend reagieren und dieses Geräusch imitieren. Die Lehrperson kann dann einige der Geräusche und Bewegungen „Des Spiegelbildspiels" aneinanderhängen.

Die Aufmerksamkeit ist wieder auf die Lehrperson gerichtet, die Kinder kommen zur Ruhe und es kann mit der Stunde fortgefahren werden.

2.9.2 „Das Tanzrätsel" (4-6 Jahre/6-9 Jahre)

Dieses Spiel kann im Anschluss an „Das Spiegelbildspiel" gespielt werden. Es dient zum einen der Konzentration der Kinder auf die Lehrperson und auf die Stunde an sich, zum anderen können damit bereits erlernte Stundeninhalte mit den Kindern spielerisch reflektiert werden.

Vorgehensweise

Die Kinder stehen nebeneinander in einer Reihe. Die Lehrperson steht vor ihnen – eventuell hat sie gerade „Das Spiegelbildspiel" mit den Kindern gespielt. Die Lehrperson sagt das folgende Spiel kurz an: „Jetzt kommt das Tanzrätsel!"

Die Lehrperson macht einzelne Sequenzen bzw. Bewegungen aus Tänzen vor, die die Kinder bereits kennen. Die Bewegungen sind aus dem Zusammenhang des Tanzes herausgenommen. Die Kinder dürfen nun erraten, um welchen Tanz es sich handelt. Wenn sie meinen, den richtigen Tanz zu wissen, dürfen sie den Titel des Tanzes der Lehrperson zurufen.

2.9.3 „Spinat und Spitzkohl" (Koordinationsspiel)

Dieses Spiel eignet sich zur „Erholung" der Kinder im „Spielbaustein" gegen Ende der Stunde. Es dient auf sehr einfache Weise der Schulung von Koordinationsfähigkeit und Konzentrationsfähigkeit der Kinder. Gleichzeitig lernen die Kinder, ihre Position innerhalb einer Reihe zu halten. Dies kann für das spätere Einstudieren von Choreografien in Formationen von Nutzen sein!

Vorgehensweise

Die Kinder stellen sich in einer Reihe hintereinander auf. Die Lehrperson steht vor der Reihe bzw. vor dem Kind, das als Erstes in der Reihe steht.

Die Lehrperson gibt nun die Seiten vor: „Spinat ist rechts." „Spitzkohl ist links."

Wenn also die Lehrperson „Spinat" ruft, müssen alle Kinder in der Reihe einen Hüpfer nach rechts machen. Wenn die Lehrperson „Spitzkohl" ruft, müssen alle Kinder in der Reihe einen Hüpfer nach links machen. 2

Die Aufgabe für die Kinder lautet:

1. Auf Zuruf in die richtige Richtung zu hüpfen und somit schnell zu reagieren.
2. Darauf zu achten, dass die Reihe gerade bleibt, d. h. zu versuchen, synchron mit allen Kindern zu hüpfen – aufeinander zu achten!

Die Lehrperson fängt langsam mit den Zurufen an. Dabei wechselt sie stetig und unvorhergesehen zwischen den Kommandos „Spinat" und „Spitzkohl".

Langsam wird dann das Tempo der Zurufe gesteigert. Die Kinder müssen sich immer mehr konzentrieren und immer schneller reagieren.

Wenn ein Kind in die falsche Richtung hüpft, kommt es aus der Reihe heraus, darf sich nach vorne neben die Lehrperson stellen und wird zur „Jury". Das Kind darf mitgucken, welche Kinder in die falsche Richtung hüpfen. Alle Kinder, die aus der Reihe herauskommen, werden zur „Jury" – sie bekommen eine Aufgabe und sitzen nicht einfach nur auf der Bank! Das Kind, das als Letztes in der Reihe übrig bleibt, d. h., immer in die richtige Richtung gehüpft ist, hat gewonnen!

2.10 „Zauberräume" für Jungen

Um Jungen an den Umgang mit tänzerischen Bewegungen heranzuführen und ihnen den Spaß daran zu vermitteln, sollte man ihnen Themen bieten, die sie interessieren und ihre Vorstellungskraft motivieren. Ich bin dabei der Auffassung, dass man sich hierbei ruhig der klassischen „Jungsthemen" bedienen darf. So gehen auch die Jungs in die Bewegung nach Musik, ohne zu merken, dass sie eigentlich schon „tanzen"!

Die Improvisationsthemen, die ich Ihnen hier vorschlage, eignen sich vorrangig für Jungen ab der ersten Klasse bis zur dritten Klasse.

2.10.1 „Indianerraum" (6–9 Jahre)

Das Bild

In diesem „Zauberraum" verwandeln sich die Kinder in bunt geschmückte Indianer. Die Indianer haben in diesem Raum bestimmte Aufgaben zu erfüllen.

Vorgehensweise

Die Lehrperson kann zusammen mit den Kindern zunächst herausfinden, welche Aufgaben den Indianern gestellt werden, wie sich ein Indianer bewegt und was er noch alles kann.

Die Kinder sprechen den Zauberspruch und die Zaubermusik beginnt. Die Kinder dürfen sich zunächst frei als Indianer im Raum bewegen und ausprobieren, was vorher gemeinsam besprochen wurde.

Mögliche Aufgaben:

- Durch das Gestrüpp schleichen und sich immer wieder ducken (langsame Bewegungen auf Zehenspitzen/Dehnung).
- Auf Bäume klettern und Ausschau halten (Erwärmung der Gelenke/Streckung des Körpers).
- Auf einem Baumstamm über einen Fluss balancieren (Balance).
- Auf einem Pferd reiten (Erwärmung).
- Etwas im Boden vergraben oder aus dem Boden ausgraben (sich auf dem Boden bewegen – Bodenkontakt).

2

- Abends in sein Zelt krabbeln und sich hinlegen zum Einschlafen (Unterschied von „klein/groß").

Die Lehrperson sollte die expliziten Aufgaben mit den Kindern zusammen durchführen, um ihnen Anregungen zu geben und sie zur eigenen Ideenfindung zu motivieren! Angeleitete und freie Improvisationen sollten sich stetig abwechseln! D. h., die Lehrperson gibt zwischendurch immer wieder das Kommando: „Und jetzt probiert mal wieder selbst aus, wie sich die Indianer bewegen!"

2.10.2 „Piratenschiff" (6-9 Jahre)

Das Bild

In diesem „Zauberraum" verwandeln sich die Kinder in Piraten auf einem Piratenschiff. Die Kinder erleben bzw. improvisieren, wie die Piraten auf dem Schiff leben und was sie dort alles zu tun haben.

Vorgehensweise

Die Lehrperson überlegt zusammen mit den Kindern, welche Aufgaben die Piraten auf dem Schiff haben und was dort alles passieren könnte. Die Kinder sprechen den Zauberspruch und die Zaubermusik beginnt. Die Kinder dürfen sich zunächst frei als Piraten im Raum bewegen und selbstständig ausprobieren, was vorher gemeinsam besprochen wurde.

Mögliche Aufgaben:

- Die Piraten wanken und trotten über das Schiffsdeck (Bewegung ausbalancieren).
- Die Piraten schrubben das Deck (Erwärmung/Bewegung auf dem Boden).
- Die Piraten rollen große Fässer über das Deck (Erwärmung der Arme).
- Die Piraten stampfen im Takt der Musik (Rhythmus).
- Die Piraten klettern die Masten hoch, um Ausschau zu halten (Erwärmung/Streckung des Körpers).

Die Lehrperson sollte die expliziten Aufgaben mit den Kindern zusammen durchführen, um ihnen Anregungen zu geben und sie zur eigenen Ideenfindung zu motivieren! Angeleitete und freie Improvisationen sollten sich stetig abwechseln! D. h., die Lehrperson gibt zwischendurch immer wieder das Kommando: „Und jetzt probiert mal wieder selbst aus, wie die Piraten sich an Deck bewegen!"

2.10.3 „Dschungelsafari" (6–9 Jahre)

Das Bild

In diesem „Zauberraum" gehen wir auf eine Reise durch den Dschungel. Unterwegs müssen wir einige Abenteuer bestehen und Aufgaben erfüllen.

Vorgehensweise

Die Lehrperson überlegt zunächst gemeinsam mit den Kindern, was es in dem „Zauberraum" zu erleben gibt und sammelt Ideen dazu. Die Kinder sprechen den Zauberspruch und die Zaubermusik beginnt.

Die Kinder dürfen sich zunächst frei im „Dschungelraum" bewegen und selbstständig ausprobieren, was vorher gemeinsam besprochen und an Ideen gesammelt wurde.

Mögliche Aufgaben:

- Wir müssen uns durch das Gestrüpp schlagen (Erwärmung).
- Wir balancieren über einen umgefallenen Baumstamm (Übung zur Balance).
- Wir hangeln uns von Liane zu Liane durch die Bäume (mit großen Schritten durch den Raum gehen und dabei die Arme lang schwingen lassen – Erwärmung/Streckung der Arme).
- Wir hüpfen durch einen matschigen See von einem Stein zum anderen, die darin verstreut liegen (Einführung von kleinen Sprüngen von einem auf den anderen Fuß).
- Wir ahmen die Affen nach (durch den Raum springen – Erwärmung/Einführung von Bewegungsqualität in den Boden hinein).
- Wir ahmen die Giraffen nach (mit lang gestrecktem Hals durch den Raum schreiten – Streckung des Halses und der Wirbelsäule).
- Weitere Tiere nachahmen!
- Wir schleichen durch den Dschungel und beobachten alles (auf Zehenspitzen gehen/Einführung der langsamen, fließenden Bewegungsqualität).

Die Lehrperson sollte die expliziten Aufgaben mit den Kindern zusammen durchführen, um ihnen Anregungen zu geben und sie zur eigenen Ideenfindung zu motivieren! Angeleitete und freie Improvisationen sollten sich stetig abwechseln! D. h., die Lehrperson gibt zwischendurch immer wieder das Kommando „Und jetzt probiert ihr mal wieder selbst aus, was man im Dschungel alles machen kann!"

2.10.4 „Expedition ins Eis" (6-9 Jahre)

Das Bild

In diesem „Zauberraum" gehen wir auf eine Entdeckungsexpedition ins Eis. Dabei entdecken wir viele spannende Dinge, wagen Abenteuer und müssen wieder verschiedene Aufgaben bestehen.

Vorgehensweise

Die Lehrperson überlegt zunächst gemeinsam mit den Kindern, was es in dem „Zauberraum" zu erleben gibt und sammelt Ideen dazu. Die Kinder sprechen den Zauberspruch und die Zaubermusik beginnt.

Die Kinder dürfen sich zunächst frei im „Eisraum" bewegen und selbstständig ausprobieren, was vorher gemeinsam besprochen und an Ideen gesammelt wurde.

Mögliche Aufgaben:

- Wir wandern über eine Eisdecke (Gehen auf Zehenspitzen/Sensibilisierung/Bewegungsqualität der Leichtigkeit und Langsamkeit).
- Wir toben im Schnee (Erwärmung).
- Wir bauen Schneekugeln, die wir rollen müssen (Erwärmung).
- Wir fahren Schlittschuh auf dem Eis (Einführung von Balance/Drehungen/kleinen Sprüngen).
- Wir ahmen einen Eisbären nach (Einführung von behäbigen, langsamen Bewegungsqualitäten).
- Wir ahmen Pinguine nach (in der ersten Fußposition watscheln mit gestrecktem Rücken – Schulung der ersten Fußposition/der geraden Körperhaltung).
- Wir machen eine Schneeballschlacht (Erwärmung).

Die Lehrperson sollte die expliziten Aufgaben mit den Kindern zusammen durchführen, um ihnen Anregungen zu geben und sie zur eigenen Ideenfindung zu motivieren! Angeleitete und freie Improvisationen sollten sich stetig abwechseln! D. h., die Lehrperson gibt zwischendurch immer wieder das Kommando: „Und jetzt probiert ihr mal wieder selbst aus, was man in der Eiswüste hier noch alles erleben kann!"

2.11 Anleitungen für einfache Schrittfolgen (4-6 Jahre/6-9 Jahre)

Wir stellen Ihnen hier jeweils zwei kleine Schrittfolgen für die Altersgruppen der 4-6-Jährigen und der 6-9-Jährigen vor. Die Choreografien sind schriftlich erklärt und in ihrem Ablauf jeweils in acht Taktzeiten unterteilt. Die Schrittanleitungen beziehen sich auf die vorangestellten Zählzeiten. Die Musikstücke dazu finden Sie in unserem Anhang.

Für die Altersgruppe der 4-6-Jährigen sind Lieder geeignet, in denen durch den gesungenen Text die Bewegungen bereits vorgegeben werden. Es sollte sich um ein einfaches Liedschema handeln (Strophe, Refrain, Strophe, Refrain etc.). Wiederholungen innerhalb des Tanzes sind wichtig!

Bewegungsabfolgen und Schrittmaterial für die Altersgruppe der 6-9-Jährigen sollten bereits schwieriger sein. Innerhalb des Liedschemas können mehr Wechsel stattfinden, d. h., es könnnen sogenannte „Bridges" darin vorkommen, die sich vom Liedthema unterscheiden. Weniger Wiederholungen sollten eingebaut werden. Die Schrittfolgen können mehr koordinative Bewegungen beinhalten.

2.11.1 „Der Kuckuck und der Esel" (4-6 Jahre) Hip Hop Version von „Die Heldenbande"

Strophe

1 + 2	(Der Kuckuck) Tap vor mit rechtem Fuß.
3 + 4	(und der Esel,) Tap vor mit linkem Fuß.
5 + 6	(die hatten...) Mit beiden Schultern zucken.
7 + 8	(einen Streit...) Mit beiden Händen vorm Körper die Geste „time out".
1 + 2	(Wer wohl am besten...) Mit beiden Schultern im Wechsel zucken.
3 + 4	(sänge...) „DJ-Pose": rechte Hand an rechtem Ohr+linke Hand imaginär „auf der Platte".
5 - 8	Beide Bewegungen wiederholen.

1 + 2	Mit beiden Schultern wieder im Wechsel zucken.
3 + 4	„DJ-Pose" wiederholen.
5 + 6	Füße auseinander stellen am Platz in 2. Position.
7 + 8	(Und der Esel fing an...) Hände zur Seite in Pose „Keine Ahnung".

Refrain

1 + 2	Bouncen seitlich mit Armen nach rechts (Hip Hopper).
3 u. 4	Bouncen seitlich mit Armen nach links.
5 + 6	Bouncen rechts wiederholen.
7 + 8	Bouncen links wiederholen.
1 + 2	Bouncen rechts wiederholen.
3 + 4	Bouncen links wiederholen.
5 + 6	Mit beiden Händen „Platte scratchen".
7 + 8	Pose „Star".

Strophe

1 - 4	Wiederholen aus erster Strophe.
5 + 6	Mit beiden Schulten zucken.
7 + 8	Pose Hände einladend vor „Wie toll ich rappen kann".
1 - 8	Wiederholen aus erster Strophe.
1 - 8	Wiederholen aus erster Strophe.
Refrain	Wiederholt sich komplett.
Strophe	Wiederholt sich.
Refrain	Wiederholt sich.

Bridge

1 - 8	„Rapsounds" werden zusammengefasst wiederholt – mit Bouncern füllen!

Strophe:

Wiederholt sich mit Abschlusspose!!!!

Auch die Kleinsten möchten gerne schon nach „cooler Musik" tanzen, wie die Großen. Viele Lieder aus dem Bereich sind leider nicht für die Ohren der kleinen Tänzer gemacht. Daher gebe ich hier ein schönes Beispiel, wie man auch für die Kleinsten eine Schrittfolge im Hip Hop-Stil erarbeiten kann.

Das Lied ist sehr einfach und kindgerecht im Hip Hop-Stil entworfen.

Die Liedstruktur ist sehr einfach umsetzbar und auch vom Text her lässt sich vieles tänzerisch gestalten.

Diese Schrittkombination ist nur ein Vorschlag von mir von vielen Möglichkeiten – entwerfen Sie ihre eigenen Schritte dazu!

2.11.2 „Flamingotanz" (4-6 Jahre) Robert Tietcalf

Alle Kinder liegen auf ihrem Platz, wachen langsam auf, recken und strecken sich, stehen langsam auf, schütteln ihre Beine, nicken sich zu, sagen „Guten Morgen", schlagen mit den Flügeln (Arme), heben ab (gehen los) und fliegen (Arme machen Flugbewegung), drehen eine große Runde (Kreis mit weiten Armen) und jedes Flamingokind sucht sich einen Landeplatz. Dort stehen sie auf einem Bein. Immer mit Pause in der Musik das Bein wechseln.

Vom Text angeleitet: Flugbewegungen, wackeln, umfallen, wieder aufstehen, stöhnen, stampfen: „Das sehen wir ja gar nicht ein!" (dabei Hände in die Seite). Auf zwei Beinen stehen, mit der Hüfte wackeln, auf die Zehenspitzen, mit langen Beinen auf den Zehenspitzen spazieren gehen.

Zappelmusik: zappeln. Bei GENUG! Bewegung stoppen. Schluss auf einem Bein.

2.11.3 „Pinocchio Klick Klack" (4-6 Jahre) Toggo Music

Strophe

2 x 8 Zeiten – Oberkörper kippt nach re und li, Arme am Körper, Hände geflext.

2 x 8 Zeiten – Ellbogen ziehen nach oben, jeweils re und li im Wechsel.

1 x 8 Zeiten – Hüfte wackelt.

Refrain

1 x 8 Zeiten – Mit Hüfte leicht drehen nach unten in die Hocke, auf „versteckt" den Kopf runter.

1 x 8 Zeiten – Wieder langsam hochkommen in den Stand,
die Arme ziehen langsam am Körper mit hoch,
auf „entdeckt" die Hände (Fanhands) neben dem Gesicht.

2 x 8 Zeiten – Oberkörper geht nach re und li,
Hände bleiben in der Position.

1 x 8 Zeiten – Arme re und li jeweils im Wechsel
lang nach oben strecken.

1 x 8 Zeiten – Armkreis vorm Körper vorne (einladend).
Hände in die Hüfte stützen,
auf „macht uns alle froh" mit Kopf 3 x nicken.

Bridge 1

2 x 8 Zeiten – Gehen wie eine Marionette (am Platz und im Kreis).

Bridge 2

4 x 8 Zeiten – Wiederholung Bridge 1

Zwischenspiel

4 x 8 Zeiten – Gehen wie eine Marionette –
in Zeitlupe in den Kreis aufeinander zugehen und
schnell wieder rückwärts heraus in die Kreisposition zurück.

2.11.4 „Wer hat an der Uhr gedreht?" Paulchen Panther (6-9 Jahre) Soundtrack

Refrain

1 + 2 Arme zur Seite – Geste „Keine Ahnung".

3 + 4 Hände an Hüfte legen.

8 - 8 Mit rechtem Zeigefinger vor Körper Kreis malen.

4 - 4	Mit rechtem Finger von links nach rechts zeigen.
5 + 6	Hände vor Oberkörper in „betende Haltung".
7 + 8	Kopf wackelt rechts und links.
1 + 2	Füße zweite Position auf Zehenspitzen + Arme oben in V-Haltung.
3 + 4	In Hocke, Füße zusammen, Hände auf Oberschenkel abstützen.
8 - 8	Mit Schulterkreisen hochkommen.
1 + 2	Schritt vor.
3 + 4	Hände an Hüfte.
8 - 8	Rechter Zeigefinger sagt: „Nein."

Strophe

1 + 2	Arme „locken" rechts.
3 + 4	Arme „locken" links.
8 - 8	Hände an Hüfte + Kopf nicken.
4 - 4	Schritte am Platz/Hände in Hüfte gestützt.
8 - 8	Arme 90° seitlich oben + in die Luft malen rechts und links im Wechsel.
8 - 8	Arme von oben in Schlangenlinien runterziehen Hüfte wackelt dabei.
8 - 8	Rechter Fuß Tap vor/linker Fuß Tap vor + wiederholen.
8 - 8	Hüfte wackelt hin und her + Kopf wackelt hin und her + Hände vor Hüfte „übern Tisch wischen".
8 - 8	Schultern zuckeln + Körper seitlich mitwiegen rechts und links (4 Zeiten nach rechts/4 Zeiten nach links).
1 + 2	Rechter Arm zieht mit Zeigefinger ausgestreckt von links nach rechts.
3 + 4	Rechter Arm zieht mit ausgestrecktem Zeigefinger nach oben.
8 - 8	Arm in Schlangenlinien nach unten ziehen.
1 + 2	Schritt vor.
3 + 4	Hände an Hüfte.
5 - 8	Mit beiden Zeigfingern Kreise in die Luft malen.

Refrain

Wiederholen bis auf: letzte 8 – stehen und traurig gucken.

Autro

Den gesprochenen Teil pantomimisch darstellen.

2.11.5 „Pinocchio in Moskau" (6-9 Jahre) Toggo Music

Intro

2 x 8	Marschieren wie eine Marionette.
4 - 4	Hände vor Hüfte über Kreuz und an Schläfe mit Fingern Kreisbewegung.
8 - 8	Oberkörper neigt re und li, Hände jeweils seitlich am Ohr.
4 - 4	Hüfte wackeln.
8 - 8	Rechter Arm zeigt von li nach re.
4 - 4	Arme vor Brust über Kreuz, großer Armkreis.
8 - 8	Arme mit „Winkbewegung" über Kopf re, li, re, li.
1 x 8	Arme ziehen vorm Körper in Schlangenlinien nach unten.
1 x 8	Arme vorm Körper unten („brave Haltung") und Kopf kippt rechts und links 4 x hin und her.

Refrain

Arme vorm Körper im rechten Winkel übereinander verschränkt und mit geschlossenen Füßen ins Plié wippen – „Kalinka".

Bridge

Marschieren wie eine Marionette.

Strophen

Wiederholen sich in der Bewegungsabfolge.

Schluss „Ich hatte einen Traum, Pinocchio in Moskau"
– Kopf schlafend auf die Hände rechts legen
und wechseln langsam auf links.

2.11.6 „Eiskalt" Schrittfolge (6-9 Jahre) Culcha Cundela

Intro	Alle Kinder sitzen in der Hocke mit dem Kopf nach unten.
Impuls 1:	Kopf hoch.
Impuls 2:	Hochspringen in 2. Position (Jazz). Unterarme boxen seitlich raus + Oberkörper verschiebt sich seitlich. Wiederholen rechts, links, rechts, links. Rechter Fuß wird langsam rangezogen in die geschlossene Fußposition.
Strophe 1	
1 + 2	Füße öffnen rechts + links.
3 + 4	Arme gehen über Kreuz nach unten vor den Körper/ Hände zu Fäusten
5 + 6	Arme über den Kopf ziehen (Pullover anziehen) + vor Brust halten/ Hände als Fäuste aneinander.
7 + 8	3 x mit beiden Fäusten nach vorne boxen.
1 + 2	Unterarme klappen hoch + fallen nach unten.
3 + 4	Rechter Arm boxt seitlich (Klopfen an Tür).
5 + 6	Linker Arm boxt seitlich (Klopfen an Tür).
7 + 8	Rechter Arm boxt seitlich (Klopfen an Tür).
1 - 4	Auf „Ladies" mit beiden Händen oben winken.
5 - 8	Beide Hände durch die Luft mit Schlangenlinien nach unten ziehen.
1 + 2	Mit beiden Zeigefingern nach vorne zeigen.
3 + 4	Mit beiden Daumen auf sich selbst zeigen.
5 - 8	Mit dem Kopf nicken („cool").
1 - 4	Auf „sieben Eismänner auf der Suche" am Platz gehen + mit Händen „locken".
5 - 7	Mit Kopf „suchend" von links nach rechts gucken (ganzer Oberkörper geht mit/rechte Hand über den Augen an Stirn).
8	Pose: beide Hände „Daumen hoch" vorm Oberkörper.

1 - 4 Kopf nickt + Pose bleibt noch.

5 + 6 Rechter Arm nach vorne raus gestreckt + Hand zur Faust.

7 + 8 Linke Hand in rechte Ellenbeuge + rechter Arm knickt nach oben ein + mit Fingern „3" zeigen.

1 - 4 Rechter Arm wird langsam am Körper runtergezogen.

5 Rechte Hand zieht schnell vorm Hals vorbei („Kopf ab").

6 - 8 Pose halten.

Refrain

1 + 2 Auf „Eiskalt" beide Arme nach rechts seitlich ausstrecken + wieder ranziehen + beide Hände als Fäuste zueinander.

3 - 8 Beide Hände als Fäuste vor Brust zueinander + Ellbogen wackeln hoch und runter + damit Seitwechsel von rechts nach links.

1 + 2 Auf „Eiskalt" gleiche Bewegung nach links s. oben.

3 - 8 Gleiche Bewegung von links nach rechts.

1 + 2 Auf „Eiskalt" gleiche Bewegung nach rechts s. oben.

3 + 4 Bewegung mit Fäusten s. oben bis zur Mitte (Körperfront vorn).

5 - 8 Dolphin nach vorne (Bewegung mit Oberkörper wie „Tauchen durch Welle").

1 - 8 Mit beiden Händen von oben runter ziehen mit Schlangenlinien.

Strophe 2

1 - 8 Wiederholung aus Strophe 1.

1 - 8 Wiederholung aus Strophe 1.

1 - 4 Auf „sie sieht bezaubernd aus" mit rechter Hand vor Gesicht lang ziehen + Oberkörper neigt sich nach hinten.

5 - 8 Dolphin diagonal links (Körperwelle diagonal seitlich).

1 + 2 Bounce rechts.

3 + 4 Bounce links.

5 + 6 Bounce rechts.

7 + 8 Bounce rechts.

1 - 8	Füße im Wechsel Tap vor + Arme unten jeweils über Kreuz.
1+2	Arme kreuzen vor Brust.
3+4	Arme öffnen auf Schultern.
5+6	Arme kreuzen vor Hüfte.
7+8	Arme öffnen auf Hüfte.
1 - 4	Innehalten in Pose mit geöffneten Armen.
5 - 8	Hände / mit Fingern „locken".

Refrain

4 x 8 wiederholen.

Bridge

1 - 4	Hände mit Körperwelle links rückwärts reinholen.
5 - 8	Dolphin diagonal seitlich links.
1 - 4	Hände mit Körperwelle wiederholen rechts.
5 - 8	Dolphin wiederholen rechts.
1 - 4	Mit Oberkörper vorne „abtauchen" von rechts nach links.
5 - 8	Mit Oberkörper vorne „abtauchen" von links nach rechts.
1 - 8	Jeweils „abtauchen" wiederholen.
1 - 4	Füße zusammen ziehen in geschlossene Position + rechter Arm nach oben.
5 - 8	In die Hocke + in den seitlichen Sitz gehen.
1 - 8	Am Boden sitzen mit übergeschlagenem Bein + Fuß wippen lassen.
1 – 4	Wieder hoch in den Stand kommen.
5 – 8	Bouncen mit Armen vorm Oberkörper (mit Händen + Armen nach vorne boxen).

Refrain

2 x wiederholen.

Autro

2 x 8	Tap vor Füße im Wechsel links und rechts.
2 x 8	Bouncen mit Armen und Händen seitlich.

Abschlusspose für alle!

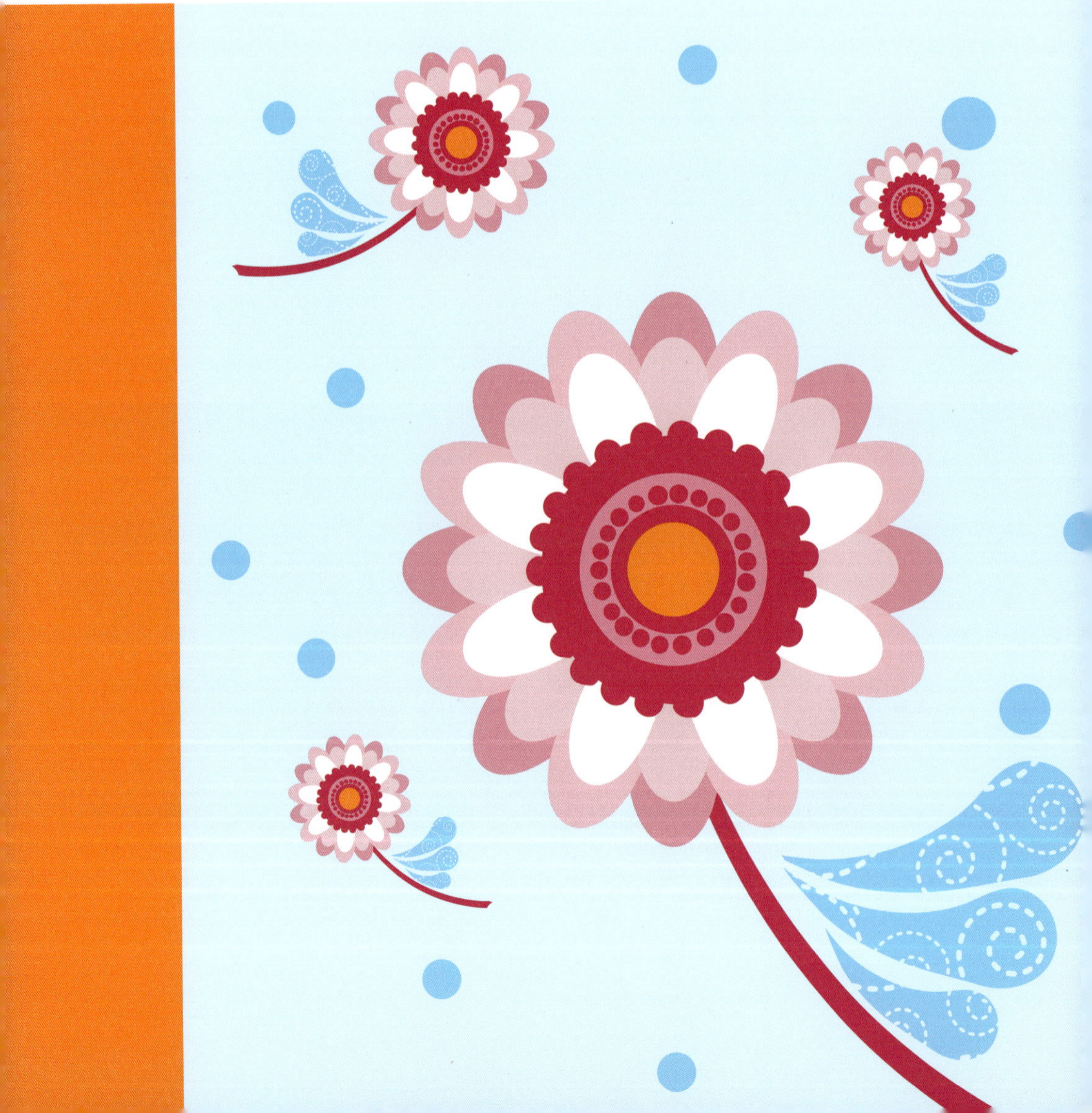

KAPITEL 3

DAS BAUKASTENSYSTEM – KONZEPT ZUM AUFBAU EINER KINDERTANZSTUNDE

3.1 Vorstellung des Baukastensystems

Baustein	Inhalt	Dauer
Baustein 1	Begrüßung	5 min
Baustein 2	Erwärmung	5 min
Baustein 3	Improvisation	15-20 min
Baustein 4	Tanz	10-15 min
Baustein 5	Spiel	5 min
Baustein 6	Dehnung	5-10 min
Baustein 7	Abschied	5 min

Das Baukastensystem entspricht einem Baukasten mit einer bestimmten Anzahl an Bausteinen, die für die Stunde zur Verfügung stehen.

Diese Bausteine sind die einzelnen Anteile der Stunde. Die Bausteine haben bestimmte Inhalte bzw. inhaltliche Themen und sind im Stundenablauf möglichst an der gleichen Stelle platziert. Ihre jeweilige Dauer wird von der Lehrperson festgelegt.

Kindertanzstunde 60 min

Die Platzierung sowie die Dauer der einzelnen Bausteine kann vom ÜL variiert werden. Ebenso kann ein Baustein innerhalb der Stunde weggelassen oder verschoben werden. Das Variieren von Platzierung und Dauer der Bausteine wird z. B. dann notwendig, wenn die Stimmung der Kinder anders ist, als von der Lehrkraft in der

Vorbereitung vorausgesetzt wurde. In diesem Fall kann es sein, dass ein vorbereitetes Konzept nicht mehr funktioniert und spontan, innerhalb der Stunde, verändert werden muss.

Es kann vorkommen, dass die Stunde von der Lehrperson mit sieben Bausteinen geplant und vorbereitet wurde. Am Tag der Stunde erfordert aber die Stimmung der Kinder eine spontane Umgestaltung der Stunde. So kann kurzfristig eine Stunde mit nur sechs Bausteinen unterrichtet werden, in der beispielsweise ein Baustein, entsprechend der Verfassung der Kinder, verlängert oder ausgelassen wird. Dies ist möglich, ohne dass die Lehrkraft den Überblick und damit die Kontrolle über die Stunde verliert.

Beispiel:
Baustein 5 aus der Grafik auf der linken Seite ist nun mit dem Baustein 2 verbunden worden und zum neuen Baustein 2 geworden. Die anderen Bausteine bleiben auf ihrer Position und werden nur in ihrer Länge verändert.

Baustein 1	**Begrüßung**	bleibt	5 min
Baustein 2	**Spiel & Erwärmung**	Änderung	10 min
Baustein 3	**Improvisation**	bleibt	20 min
Baustein 4	**Tanz**	gekürzt	10 min
Baustein 5	**Dehnung/Cool down**	verlängert	10 min
Baustein 7	**Abschied**	bleibt	5 min

Ein klarer, strukturierter Überblick über die eigene Stunde ermöglicht dem ÜL einen flexiblen Umgang mit der Stunde und deren Inhalten, ohne dass dadurch innerhalb des Unterrichts eine Unsicherheit auftritt. So kann eine bereits vorbereitete Stunde einfach und schnell derart umgestellt werden, dass sie auf die Bedürfnisse der Kinder spontan zugeschnitten wird und dennoch ihre Inhalte und Ziele nicht verliert.

Warum das Baukastensystem?

Durch dieses Baukastensystem entsteht ein weitestgehend gleichbleibender Stundenablauf, der für die Kinder einen sicheren, wiedererkennbaren Rahmen zum Lernen schafft.

WICHTIG!

Die Inhalte der Bausteine können auch über längere Zeiträume wiederholt werden! Es ist nicht notwendig, für jede Stunde immer wieder neue Inhalte für die Bausteine auszuwählen, da auch Wiederholungen im Unterricht für die Kinder Sicherheit schaffen. Wir Erwachsene haben dafür ein anderes Gefühl als die Kinder.

Kinder mögen Wiederholungen!

Durch ein klares Konzept innerhalb der Stundenvorbereitung sowie im Stundenablauf kann eine zunehmende Sicherheit beim Unterrichten erreicht werden. Dadurch kann das Vertrauen und die Aufmerksamkeit der Kinder sowie der eigene Spaß am Unterrichten gesteigert werden.

Mit einer strukturierten Arbeitsweise wird es der Lehrperson möglich, flexibler und spontaner innerhalb einer Stunde zu agieren und auf die Stimmung der Kinder zu reagieren.

Durch einen klaren Stundenablauf bedarf es eines geringeren Kraftaufwandes der Lehrperson für die Stunde.

Dies ist z. B. dann entscheidend, wenn mehrere Kindergruppen mit großer Teilnehmerzahl hintereinander unterrichten werden müssen.

3.2 Inhalte und Funktionen der sieben Bausteine

Im Folgenden werden die einzelnen Bausteine für eine Kindertanzstunde in ihrer zu empfehlenden Abfolge vorgestellt. Es handelt sich hierbei, als allgemeine Vorgabe, um sieben Bausteine.

Diese Abfolge sowie die zeitliche Dauer der einzelnen Bausteine beziehen sich auf eine kreative Kindertanzstunde für Kinder zwischen vier und sechs Jahren von maximal 60 min.

Baustein 1

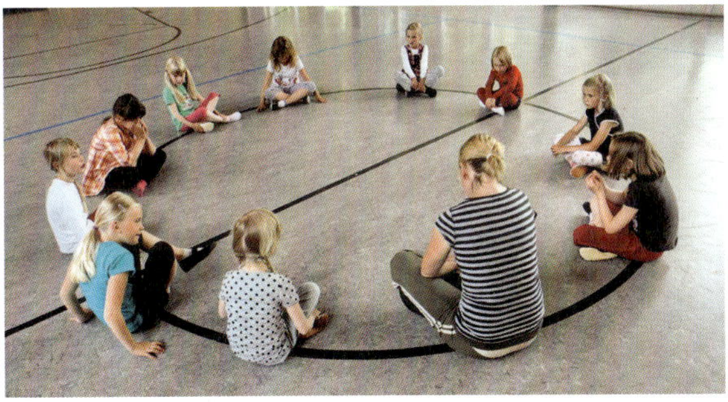

Für den Beginn einer Kindertanzstunde ist immer die Kreisform zu wählen, da alle Kinder einander sehen können und auch die Lehrkraft die Übersicht über die Gruppe hat.

3

Inhalt

Eine ritualisierte Begrüßung, wie z. B. ein Lied oder Spruch, sollte gewählt werden. Z. B. „Namen klatschen", siehe Kap. 2.

Funktion

Mit einem ritualisierten Beginn können die Kinder ankommen, sich sammeln und sich auf die folgenden 60 min einstimmen. Dies dient auch der Konzentration der Kinder auf die Stunde und auf die Lehrkraft.

★ Mit einem Spruch oder einem Lied führen wir die Kinder in den Stand für den nächsten Baustein. Z. B. „Kopf hoch und schütteln", siehe Kap. 2 „Verse und Sprüche".

Baustein 2

Alle Kinder stehen im Kreis!

Inhalt

Hier können **erste Erwärmungsübungen** angeleitet werden. Diese Übungen können auch Elemente aus dem klassischen Kinderballett beinhalten, wie z. B. Pliés, Tendus oder Port de Bras. Möglich sind auch Übungen zu Sprüchen und Versen, die gleichzeitig die Koordination, das Raumgefühl sowie das Takt- und/oder Rhythmusgefühl schulen (siehe Kap. 2, „Verse und Sprüche"/„Kleine Übungen für die erste Erwärmung").

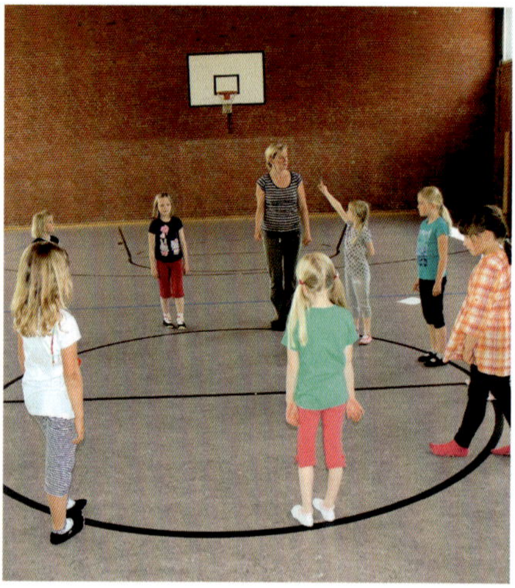

Funktion

Dieser Baustein dient der ersten Erwärmung von Füßen, Schultergürtel, Gelenken und Wirbelsäule sowie der Aufrechterhaltung der Konzentration. Körper und Geist werden auf die Stunde eingestimmt.

★ Mit einem ritualisierten „Kommando" wird zum nächsten Baustein übergegangen (z. B.: „Alle Kinder zum Eingang vom Zauberhaus", der sich auf einer bestimmten Linie in der Turnhalle befindet – alle Kinder laufen dorthin. s. Kap. 4, „Arbeitsmodell Zauberhaus").

Die Kinder wollen wissen, was als Nächstes passiert und begeben sich zügig auf die nächste Position im Raum, von der sie wissen, dass nur von dort aus das nächste Erlebnis zu erwarten ist.

Baustein 3

Die Kinder stehen an einem Ausgangspunkt im Raum. Dieser Punkt kann eine Linie in einer Turnhalle sein, die Stangen im Ballettraum, sowie der Spiegel oder eine Ecke des Raums.

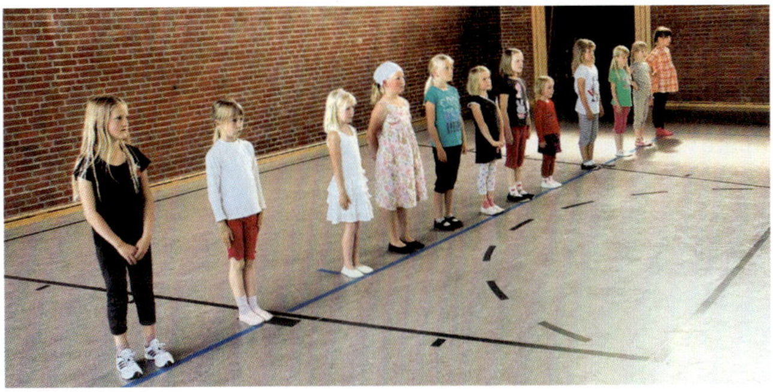

Inhalt

Von diesem Punkt aus starten die Kinder mit der **Improvisation** in den Raum. Hier sollten für den Unterricht zielorientierte Inhalte für die Improvisation gewählt werden. Beispielhafte Konzepte finden Sie in Kap. 4, „Arbeitsmodell Zauberhaus".

Funktion

Mit der Improvisation wird der Körper weiter erwärmt. Bewegungsqualitäten werden aufgenommen bzw. erlernt, die in späteren Schrittfolgen verwendet werden können. Durch die spielerische Bewegung werden Hemmungen abgebaut sowie Koordination, Musikalität und Rhythmusgefühl geschult.

3

★ Mit einem ritualisierten „Kommando" werden die Kinder in die Kreisform zurückgebracht (z. B.: „Ich zähle bis drei und ihr macht einen Kreis in der Mitte!"). Damit werden die Kinder weiter zum nächsten Baustein geleitet.

Gut ist es, den Kindern hierbei eine Aufgabe zu stellen, die sie alleine meistern müssen („Mal sehen, ob ihr alleine einen schönen Kreis bauen könnt!"). Hiermit kann die Motivation der Kinder gestärkt werden.

Baustein 4

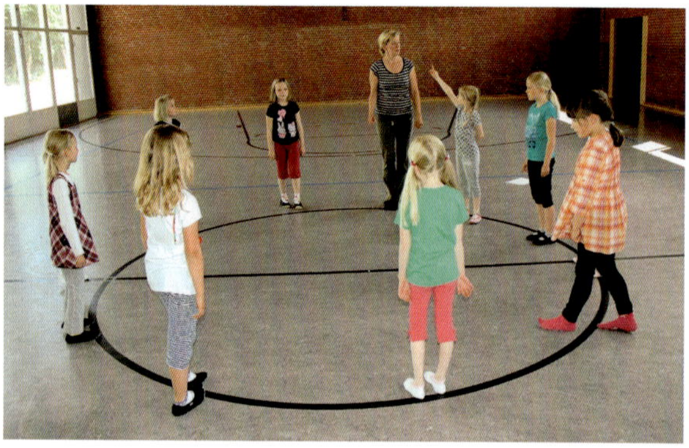

Alle Kinder stehen wieder im Kreis zusammen.

Inhalt

Dieser Punkt sollte genutzt werden, um bereits **erlernte Tänze zu wiederholen** oder neue Schrittfolgen anzuleiten.

Innerhalb dieses Bausteins können neue Schritte erlernt werden oder neue Tanzelemente eingeführt werden (z. B. Drehungen, kleine Sprünge o. Ä.). Zu empfehlen ist hierbei, ca. zwei alte Tänze zu wiederholen und 1-2 neue Elemente einzuführen. Hier können Bewegungen der Kinder aus dem Improvisationsbaustein verwendet werden, wie z. B. „Der schleichende Gang des Tigers" oder „Die Hüpfer der Pinguine", siehe Kap. 4, „Arbeitsmodell Zauberhaus".

Funktion

Der Körper ist vollständig erwärmt. Die Konzentration sowie die Koordinations- und Denkfähigkeit der Kinder sind zu diesem Zeitpunkt am stärksten.

Einige Bewegungsqualitäten und -abläufe wurden bereits in der Improvisation spielerisch durchgeführt und abgespeichert. Diese können nun für eine kleine Choreografie abgerufen und genutzt werden.

★ Anschließend kann in der Kreisform das nun folgende Spiel angesagt werden. Die Lehrkraft hat in dem Moment alle Kinder zusammen und ihre Aufmerksamkeit auf sich gerichtet.

Ratsam ist es dabei, das Lob an die Kinder in den Vordergrund zu stellen: „Weil ihr eben so toll mitgemacht habt, spielen wir jetzt ein Spiel!"

Baustein 5

Die Kinder bewegen sich im Folgenden frei im Raum.

Inhalt

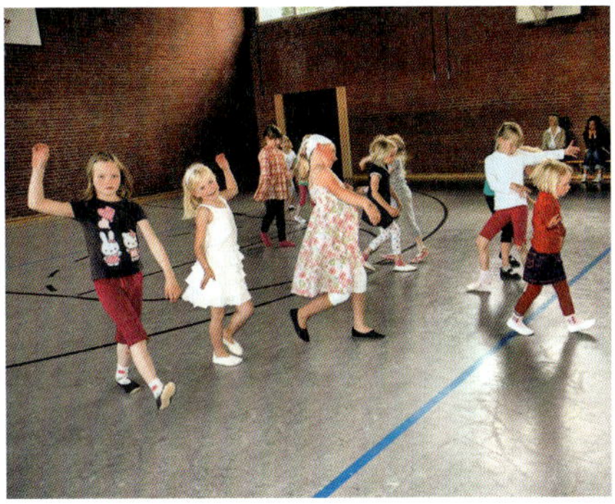

Hier wird als eine Art Belohnung bzw. Erholung der Kinder, nach der Konzentration im „Tanzbaustein", ein sogenanntes **Bewegungs- oder Improvisationsspiel**, platziert. Z. B. „Das verzauberte Kaufhaus" oder „Zauberei im Spielzeugladen", siehe Kap. 2.4 und 2.5 „Improvisationsspiele/ tänzerische Bewegungsspiele".

Funktion

Der Konzentrationshöhepunkt der Stunde ist mit dem Baustein 4 erreicht worden. Die Kinder waren viel in Bewegung, haben kreative Aufgaben erfüllt und eventuell neue Tanzschritte und Folgen aufnehmen müssen. **Die Spannungskurve bzw. die Konzentrationskurve der Kinder sinkt wieder ab.**

3

Hier holen wir die Kinder nun mit einem erholsamen Spiel ab und verhindern so den Verlust der kindlichen Aufmerksamkeit. Die Kinder können sich entspannen, bleiben gleichzeitig in Bewegung und können sich noch einmal vor dem Stundenabschluss austoben.

★ Durch die Ansage im Kreis wissen die Kinder, was nun passiert. Die Kinder kennen den Stundenablauf und wissen bereits, dass nach dem „Tanzbaustein" das Spiel kommt. Die Vorfreude der Kinder auf das bevorstehende Spiel steigert ihre Konzentration und ihren Ehrgeiz im vorherigen Baustein, dem Tanzen, gut mitzumachen und sich anzustrengen.

Mit einem ritualisierten Kommando leitet die Lehrkraft die Kinder in die Kreisform zurück, z. B.: „Ich zähle bis drei und ihr macht einen Kreis in der Mitte" s. o.

Baustein 6

Alle Kinder kommen wieder in der Kreisform zusammen.

Inhalt

In diesem Baustein geht es um ein **„Cool down"** und um eine leichte, abschließende **Dehnung** des Körpers. Diese kann im Stand oder auch im Sitz passieren. Möglich wäre hier z. B. „Das Segelschiff", „Die Brücke" oder „Der Zauberstern", siehe Kap. 2.8 „Dehnungsübungen".

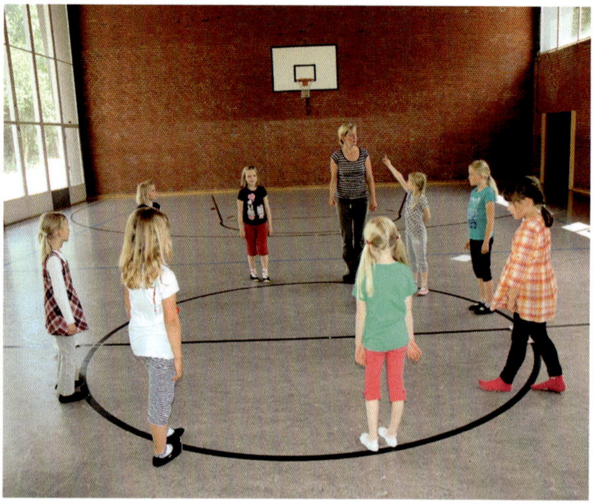

Funktion

Nach Bewegung und Anstrengung ist es ratsam, die Kinder, auch für den baldigen Abschluss der Stunde, wieder zur Ruhe zu bringen. Hier soll der Körper, der jeweiligen Altersgruppe entsprechend, leicht gedehnt werden.

Dies ist für viele Kinder besonders wichtig, da oftmals durch mangelnde Bewegungs- und Dehnungsmöglichkeiten im Alltag die Muskeln und Sehnen stark verkürzt sind. Gleichzeitig kommt der Kreislauf und somit der Organismus der Kinder wieder zur Ruhe und wird langsam runtergekühlt.

★ Da alle bereits in der Kreisform zusammen sind, müssen wir hier mit den Kindern gegebenenfalls nur noch vom Stand in den Sitz kommen.

Baustein 7

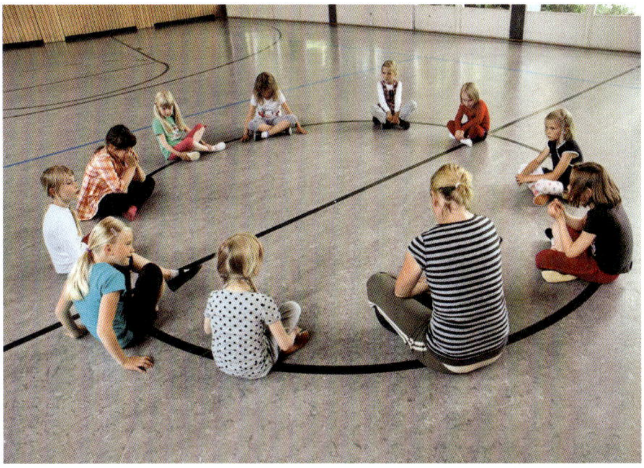

Alle Kinder sitzen in der Kreisform.

Inhalt

In diesem Baustein ist z. B. eine kurze **Reflexion** der Stunde mit den Kindern möglich. Jedes Kind darf dabei eine Sache sagen, die in der Stunde passiert ist.

Dann folgt die **Verabschiedung**. Dazu sollte unbedingt, wie auch bei der Begrüßung, ein Ritual angewandt werden. Z. B. „Ist es wirklich schon so spät?", siehe Kap. 2, „Verse und Sprüche".

Funktion

Der Spannungsbogen der Stunde findet so zu einem klaren Endpunkt und der Stundenverlauf zu einem runden Abschluss.

Die Kinder können die Stunde ebenso klar für sich beenden und haben die Stunde nicht nur konsumiert, sondern im besten Fall auch für sich noch einmal reflektiert.

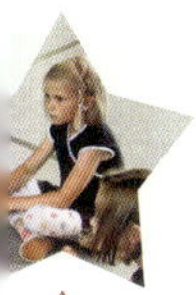
Baustein 1
Begrüßungsritual 5 min

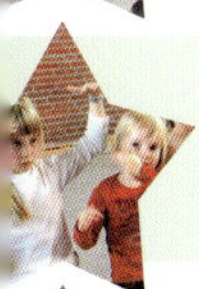
Baustein 2
Erwärmung 1 5-10 min

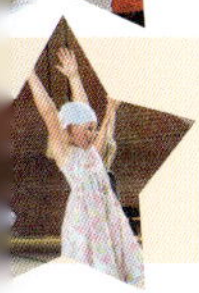
Baustein 3
Improvisation/Erwärmung 2 15-20 min

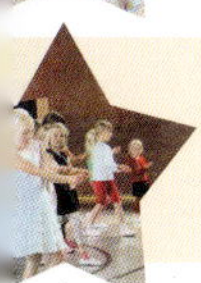
Baustein 4
Tanzfolge/-schritte 10-15 min

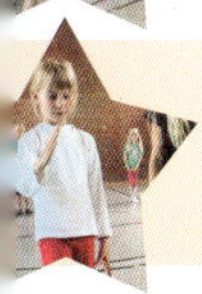
Baustein 5
Bewegungsspiel 5 min

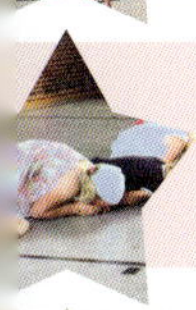
Baustein 6
Dehnung/Cool down 5-10 min

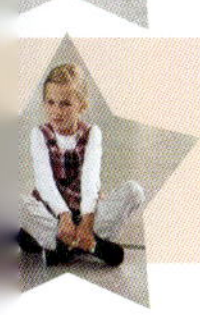
Baustein 7
Verabschiedung 5 min

Überblick und Reflexion der Stunde

3.3 Praktische Anwendung des Baukastensystems - die Modellstunde

Im Folgenden möchte ich Ihnen die praktische Anwendung dieses Baukastensystems für Ihre Stundengestaltung noch einmal kurz erläutern.

Dies tue ich anhand einer Art Modellstunde, d. h., ich zeige einen möglichen Ablauf einer kreativen Kindertanzstunde mit beispielhaften Themen (Bausteinen), ihren Inhalten und den jeweiligen Zeitangaben.

Die inhaltlichen Beispiele (Übungen, Sprüche etc.) finden Sie in Kap. 4, „Improvisation, Das Zauberhaus'" sowie in Kap. 2, „Praktische Stundeninhalte und Übungen".

Die genaue Bedeutung und Definition von Ritualen sowie ihre Einführung im Unterricht wird in Kap. 6 „Praktische Tipps für eine kreative Kindertanzstunde" näher erläutert.

3.3.1 Die Modellstunde im Überblick

Stundenbeginn 15:00 Uhr

Begrüßung: Namen abhaken/Wünsche für die Stunde.

Übergang: Schneidersitz/„Kopf hoch und schütteln"/in den Stand kommen/Tänzerposition aufbauen/Tanzfaden schießen/**5-7 min**

WICHTIG!

Zu den Wünschen der Kinder zum Stundenbeginn

1. Man sollte gleichzeitig klarstellen: „Ich nehme eure Wünsche sehr ernst und versuche, sie auch zu erfüllen, kann aber nicht versprechen, dass wir jeden Wunsch heute schaffen können!"
2. „Wenn ich eure Wünsche erfülle, dann wünsche ich mir auch, dass ihr richtig gut heute mitmacht!"

15:07 Uhr

Erwärmung 1: „Fräulein Frühling geht spazieren/Der Wolkentanz"/bereits bekannter Tanz.

Übergang: Kommando: „Alle zum Eingang vom Zauberhaus!" **ca. 10 min.**

15:17 Uhr

Improvisation und Erwärmung 2: Die Kinder stehen „am Eingang vom Zauberhaus" (klare, gleichbleibende Raumposition). Gemeinsam gehen wir in vier Zauberräume.

Thema: Schrittsprünge/einfache Drehung/Erwärmung/freie Bewegung.

Gewählte Zauberräume: „Der Pfützenraum"/„Die Prinzessin mit dem Ball"/„Die Wildpferde"/„Die Blumenelfen".

3

Übergang: Aufgabe: „Ich zähle bis drei und ihr macht einen Kreis in der Mitte!" **ca. 15 min.**

15:32 Uhr

Tänze: In der Kreisposition Einführung von zwei neuen Schrittelementen für einen neuen Tanz: kleiner Schrittsprung vor/einfache Drehung um die eigene Achse – Bezug auf Zauberräume! Neue Schrittelemente zur neuen Musik probieren. 1-2 bereits bekannte Tänze gemeinsam tanzen – Wünsche der Kinder einbeziehen!

Übergang: In der Kreisform noch das folgende Spiel erklären. Dies möglichst mit einem Lob an die Kinder verbinden! **ca. 10 min.**

15:42 Uhr

Improvisationsspiel/Bewegungsspiel: Zur „Erholung" bzw. „Belohnung" nach der Konzentration beim Tanzen folgt nun ein Improvisations- oder Bewegungsspiel: „Das verzauberte Kaufhaus".

Weitere Möglichkeiten: „Die Hexe geht spazieren"/„Bewegungsmemory"/„Tanzfee"/„Eckentanz".

Übergang: Durch ein Kommando wieder in die Kreisform kommen: „Ich zähle bis drei (...)".

ca. 7 min

15:49 Uhr

Dehnung/Cool down: Altersgerechte, leichte Dehnung. Den Körper langsam wieder zur Ruhe bringen vor dem Abschluss der Stunde: „Der Zauberstern".

Weitere Möglichkeiten: „Der Graben"/„Wir segeln"/„Die Kinder ins Bett bringen"/„Salat schnippeln".

Übergang: Die Kinder sind bereits im Kreis zusammen. **ca. 5 min**

15:54 Uhr

Abschluss/Verabschiedung: Eine gemeinsame Reflexion der Stunde. Jedes Kind darf eine Sache sagen, die in der Stunde passiert ist. Einen gemeinsamen, ritualisierten Abschlussspruch: „Ist es wirklich schon so spät?"

Weitere Möglichkeiten: „Das Farbenspiel"/„Ein Abschlussfoto"
ca. 5 min

Diese Darstellungsform meiner Stunden wähle ich in meiner Stundenvorbereitung!

Wenn ich meine Stunden neu vorbereite, notiere ich mir die einzelnen Bausteine und ihre Inhalte für die Stunde in der oben gezeigten Weise. So habe ich eine klare Strukturierung der Stunde erreicht und einen schnellen Überblick, was ich wann machen möchte. Dies dient mir auch als Merkzettel während der Stunde. Ich kann mit einem schnellen Blick erkennen, was ich als Nächstes geplant habe. Zur erneuten Vorbereitung einer Stunde kann ich die Übungen in den Kästen durch andere Übungen ersetzen, die inhaltlichen Ziele der Kästen bleiben dabei gleich (Begrüßung/Erwärmung/Improvisation/Tanz/etc.). Wenn Sie sich eine solche Darstellung im Computer einrichten, dann können Sie problemlos die Übungen austauschen. Der Stundenablauf wird dadurch nicht verändert und muss nicht immer wieder neu strukturiert werden.

3.3.2 Praktisches Beispiel

Ich habe die oben gezeigte Darstellung in meinem Computer und verwende diese immer wieder für meine Stundenvorbereitung. Ich war am Wochenende auf einer Fortbildung und habe einige neue Übungen und Anregungen mitgenommen. Ich suche mir ein paar der neuen Übungen der Fortbildung zu bestimmten Themen bzw. Zielen heraus und ordne sie den jeweiligen Kästen und ihren inhaltlichen Zielen zu. Habe ich beispielsweise eine schöne Dehnungsübung bei der Fortbildung gelernt, so kann ich sie in den Kasten für Dehnung und Cool down anstelle der vorherigen Übung einsetzen. So kann ich mit allen neuen Übungen schrittweise verfahren und diese sinnvoll in meinen eigenen Stundenablauf einbauen.

Wir erinnern uns! Kinder brauchen einen festen und klaren Stundenrahmen, in dem sie sich sicher bewegen können. Der Stundenablauf sollte möglichst gleich bleiben, um den Kindern diese Sicherheit in der Stunde zu geben.

Kinder brauchen Wiederholungen. Wir Erwachsene haben schnell das Gefühl, es könnte langweilig werden, wenn man Tänze oder Aufwärmübungen oft wiederholt. Kinder haben dafür ein anderes Gefühl. Wiederholungen geben Kindern ebenfalls ein Gefühl der Sicherheit. Sie haben dadurch das Gefühl, sie kennen die Übung und wissen, was passiert. Dies vermittelt den Kindern ein Erfolgserlebnis.

Eine schöne Mischung zwischen neuen Inhalten und Wiederholungen von bereits bekannten Übungen und Schrittfolgen ergibt eine gute Kindertanzstunde!

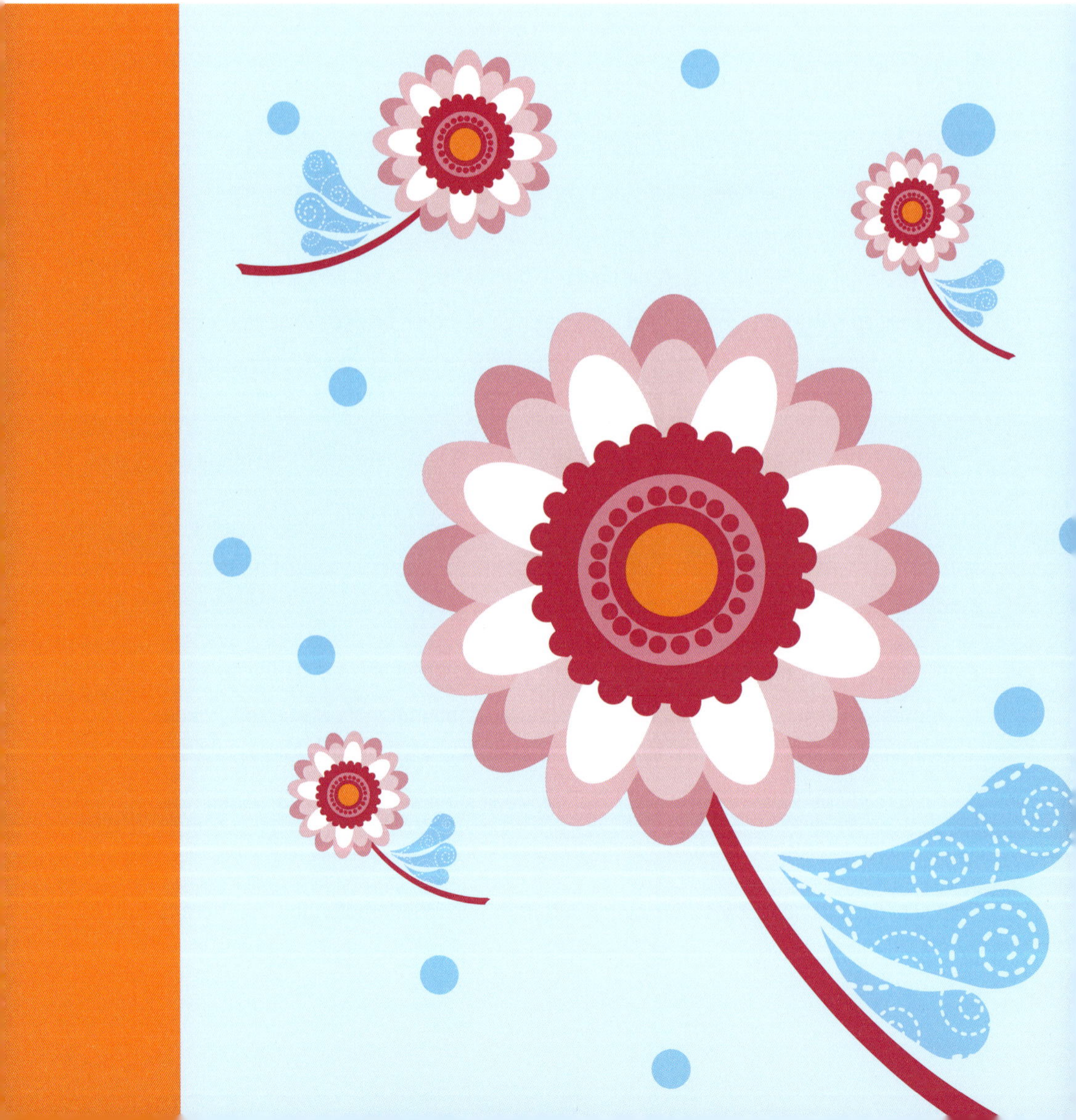

KAPITEL 4

ARBEITSMODELL IMPROVISATION: „DAS ZAUBERHAUS"

Julia Dold

4.1 Was ist das „Zauberhaus"?

In diesem Kapitel stelle ich Ihnen ein mögliches Arbeitsmodell für eine Improvisationseinheit innerhalb einer Unterrichtsstunde vor. Wie in Kap. 1 bereits erläutert, geht es mir dabei darum, die Improvisation innerhalb der Stunde mit Sinn bzw. mit einem Lernziel zu füllen. Improvisation dient zum einen der freien Bewegung und Bewegungsfindung im Raum und damit der Entwicklung von Kreativität, sowie dem kreativen Umgang mit dem eigenen Körper.

Weiterhin können durch und mit der Improvisation bereits gezielt Bewegungsqualitäten, Schrittelemente und Bewegungstechniken eingeführt und geschult werden. Dies geschieht innerhalb der improvisatorischen Arbeit auf spielerisch leichte Weise. So wird der Lernprozess für die Kinder vereinfacht. Sie nehmen die tänzerischen Inhalte nachhaltiger auf, da ihr Körper diese unbewusst abspeichert und später wieder abrufen kann.

Um solche Aspekte des Lernens mit einer Improvisationseinheit zu erreichen, ist es sinnvoll, die Improvisation in einen immer wiederkehrenden Rahmen einzubetten. Dieser verleiht der Improvisationseinheit Struktur und gibt den Kindern eine Form der Geborgenheit und damit Sicherheit, wodurch der Lernprozess erleichtert wird. Durch einen strukturierten und wiederkehrenden Ablauf kann die Improvisationseinheit zu einem festen Bestandteil der Stunde und damit zu einem bekannten Ritual werden. Um einen solchen Rahmen für eine Improvisation zu schaffen, bedarf es eines wiederverwendbaren Bildes. **Ein solches, nachhaltig ausbaufähiges Bild für eine Improvisationseinheit ist in diesem Arbeitsmodell das „Zauberhaus"!**

4.2 Anleitung zur Arbeit mit dem „Zauberhaus"

Das Bild

Wir gehen gemeinsam in ein „Zauberhaus". Dieses „Zauberhaus" besteht aus vier verschiedenen „Zauberräumen". Diese „Zauberräume" durchlaufen wir auf unserem Gang durch das „Zauberhaus". In jedem Raum, durch den wir gehen, passiert eine „Zauberei". Entweder wir selbst verwandeln uns oder es werden uns in dem Raum abenteuerliche Aufgaben gestellt, die wir bestehen müssen. In jedem der vier Räume geschieht eine andere Zauberei.

Der Rahmen

Wichtig für die Anleitung dieser Improvisationsmethode ist der feste Rahmen des Ablaufs. Bleibt der Ablauf in jeder Stunde gleich, so wird er zu einem Ritual und die Kinder erkennen ihn schon nach wenigen Einführungsstunden wieder. Dies vereinfacht die Arbeit innerhalb der Stunde, da sich überflüssige Erklärungen schnell erübrigen, der Ablauf zügig stattfinden kann und die Zeit effektiv genutzt wird.

„Das Zauberhausmodell" wird zu einem festen Bestandteil des Stundenablaufs. Die Kinder erwarten und freuen sich auf diesen Baustein der Stunde. Diese Wahrnehmung der Kinder gibt ihnen Sicherheit und Motivation für das improvisierende Ausprobieren und die kreative Arbeit mit ihrem Körper.

Pro Stunde empfehle ich, maximal vier „Zauberräume" einzubauen. In jedem der „Zauberräume" sollte die Lehrperson ein bestimmtes Lernziel verfolgen, d. h., die Räume sollten gezielt ausgewählt und für den Stundeninhalt effektiv eingesetzt werden.

Vorgehensweise

Nach dem Stundenbaustein „Erwärmung 1" (s. Kap. 3) gibt die Lehrperson das Kommando: „Alle Kinder zum Eingang des ‚Zauberhauses'!" Dieses Kommando ist den Kindern schon nach wenigen Stunden bekannt und sollte ritualisiert werden!

Der Eingang des „Zauberhauses" wird vorher von der Lehrperson im Raum festgelegt. Die Position im Raum bleibt immer die Gleiche! Dieser Eingang kann in einer Turnhalle beispielsweise die Linie auf dem Hallenboden am äußeren Ende der Halle sein oder in einem Studio die Längsseite des Spiegels bzw. der Stange.

Die Kinder sollen sich nebeneinander auf dieser Linie, dem imaginären Eingang des „Zauberhauses“, aufstellen. Wenn die Kinder diesen Platz im Tanzraum kennen, werden sie sich mit der Aufforderung der Lehrperson zügig dorthin begeben. Dies erspart unnötige, lange Erklärungen und die Lehrperson hat die Kinder schnell im Raum positioniert!

Die Kinder stehen am Eingang des „Zauberhauses“. Die Lehrperson steht vor den Kindern.

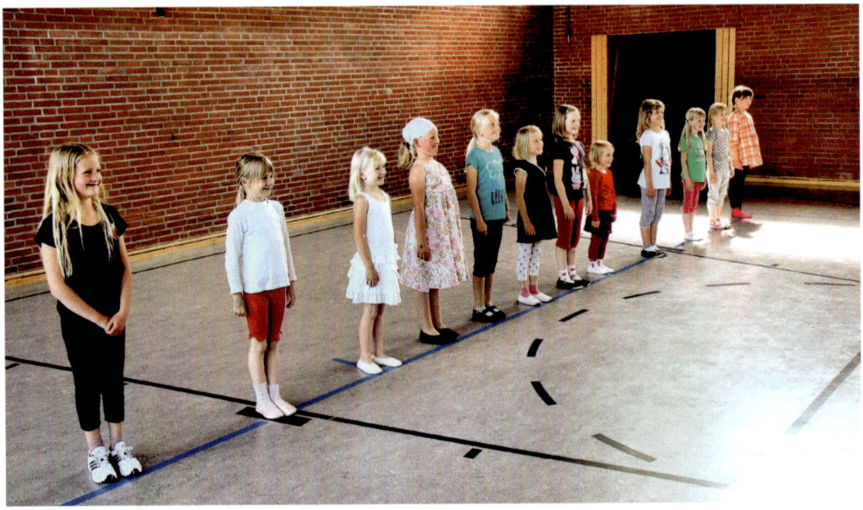

Hier kann das „Spiegelbild“ eingebaut werden, um die Kinder auf sich zu fokussieren (s. Kap. 2.9 „Übungen zur Fokussierung auf die Lehrperson“)!

Die Lehrperson holt einen Schlüssel hervor – dieser kann imaginär oder auch ein echter Schlüssel sein –, um die Tür zum „Zauberhaus“ aufzuschließen. Wenn die imaginäre Tür „aufgeschlossen“ ist, erklärt die Lehrperson den ersten „Zauberraum“, in den die Kinder an dem Tag gehen dürfen. Dies sollte möglichst spannend erzählt werden, um die Aufmerksamkeit der Kinder zu erhalten und sie zu motivieren. Innerhalb dieser Erklärung können gemeinsam mit den Kindern Überlegungen angestellt werden, was in diesem Raum passieren könnte. Wie bewegt sich beispielsweise ein bestimmtes Tier oder welche Aufgabe sollen wir in dem Raum erfüllen und wie können wir das am besten machen?

Diese gemeinsame Ideensammlung gibt den Kindern Anregungen zur Improvisation und nimmt ihnen eventuelle Unsicherheiten.

Sich frei durch den Raum zu bewegen und dabei selbst kreativ zu sein, fällt vielen Kindern zunächst schwer! Daher ist es wichtig, dass sie von der Lehrperson oder anderen Kindern in der Gruppe Anregungen erhalten, mit denen sie arbeiten können. Wenn alle Ideen zusammengetragen wurden, geht es an die „Zauberei". Dazu müssen die Kinder den Zauberspruch sprechen. Dieser kann zusammen mit den Kindern ausgedacht werden oder er wird von der Lehrperson vorgegeben.

Beispiel:
Die Lehrperson sagt: „So, dann wollen wir mal sehen, was in dem Raum alles passiert! Seid ihr bereit? Dann zaubert bitte – jetzt!"

Die Kinder sprechen daraufhin gemeinsam den Zauberspruch: „Eins, zwei, drei, Zauberei!" Die Aufforderung der Lehrperson an die Kinder kann dazu genutzt werden, zur Musikanlage zu gehen. Während die Kinder den Zauberspruch aufsagen, kann das passende Musikstück ausgewählt werden.

Ein Spannungsloch innerhalb einer Stunde kann der Gang zur Musikanlage sein. Die Lehrperson dreht den Kindern den Rücken zu und schon sind diese unaufmerksam und abgelenkt. Durch den „Text" der Lehrperson und das Sprechen des Zauberspruchs kann dieses Spannungsloch vermieden werden. Deshalb sollte der „Text" der Lehrperson sowie der Zauberspruch ritualisiert werden!

Nach dem Zauberspruch der Kinder setzt die „Zaubermusik" ein, die Tür des „Zauberhauses" öffnet sich und die Kinder gehen in den ersten Raum hinein. Die Kinder sollen sich zunächst frei bewegen und ausprobieren, was in diesem Raum passiert. Sie sollen selbstständig die vorher gesammelten Ideen umsetzen. Zwischendurch kann die Lehrperson die Kinder auffordern, zu ihr zu sehen, um dann Bewegungen vorzugeben und diese gemeinsam mit den Kindern umzusetzen. So können beispielsweise gezielte Bewegungen oder Techniken (z. B. Drehungen, Sprünge, Armbewegungen) eingeführt werden.

Anschließend sollten die Kinder sich noch einmal frei im Raum bewegen dürfen, um selbst zu improvisieren. Nach einiger Zeit, die im Ermessen der Lehrperson liegt, kommt das Kommando: „Alle Kinder sind entzaubert! Alle wieder zurück zum Eingang des ‚Zauberhauses!'"

Auf dieses Kommando hin endet die Zaubermusik und alle Kinder laufen zur Anfangsposition im Raum zurück und stellen sich wieder in einer Reihe nebeneinander auf.

Wenn auch dieses Kommando nach wenigen Stunden ritualisiert ist, werden sich die Kinder auch hier zügig zur richtigen Position im Raum begeben. Der Zusatz: „Alle zurück zum Eingang des ‚Zauberhauses'", kann dann bald weggelassen werden!

Wenn die Kinder wieder auf ihrer Anfangsposition stehen, kann der nächste „Zauberraum" erklärt werden. Die Kinder sind erfahrungsgemäß gespannt, was als Nächstes kommen mag und aus diesem Grund in den meisten Fällen aufmerksam! Der weitere Ablauf bleibt nun der Gleiche.

Insgesamt werden so vier „Zauberräume" mit den Kindern durchgeführt. Nach dem vierten und letzten „Zauberraum" wird das „Zauberhaus" wieder bis zur nächsten Woche abgeschlossen. Es kann mit dem nächsten Baustein der Stunde begonnen werden!

4.3 Vorstellung von beispielhaften „Zauberräumen"

Ich stelle Ihnen jeweils vier „Zauberräume" zu vier Oberthemen vor.

Oberthemen:

- imaginäre Figuren,
- Tiere,
- Märchen,
- Jahreszeiten.

Die Oberthemen geben die Inhalte bzw. Möglichkeiten der jeweiligen „Zauberräume" vor. Sie bieten für uns als Lehrpersonen unendlich viele Möglichkeiten, kreativ zu arbeiten. Ich arbeite mit einem Oberthema ca. 1-2 Wochen lang.

4

Beispiel

Zwei Wochen vor Weihnachten beginne ich mit dem Oberthema „Weihnachten". Die „Zauberräume" beziehen sich dann auf dieses Thema. Dabei lassen sich zwei Oberthemen miteinander verbinden: z. B. Weihnachten und Winterzeit. Ich baue dann innerhalb einer Stunde vier „Zauberräume" ein. Zwei davon beziehen sich auf die Weihnachtszeit (z. B. „Wichtelraum"/„Tannenbaumraum") und zwei Räume beziehen sich auf die Winterzeit (z. B.„Schneeflockenraum"/„Schlittschuhraum").

4.3.1 Die „Zauberräume"

a) Imaginäre Figuren

1. Der Raum mit den Streichholzmännchen

In diesem Raum verwandeln sich die Kinder in Streichholzmännchen, deren Körper bzw. Gliedmaßen aus Streichhölzern bestehen. Die Kinder sollen sich mit gestreckten Armen und Beinen im Takt der Musik durch den Raum bewegen. Die Bewegungsqualität und die Möglichkeiten werden vorher mit den Kindern besprochen:

- Harte, abgehackte Bewegungen mit langen Armen und langen Beinen.
- Die Arme und Beine sollen bei jeder Bewegung gestreckt sein.
- Die Männchen können sich auch im Gehen um sich selbst drehen.
- Sie können vielleicht auch den Oberkörper nach unten bewegen.

Dies ist eine Vorübung zum Grand Bâtement. Gleichzeitig wird das Rhythmusgefühl der Kinder geschult.

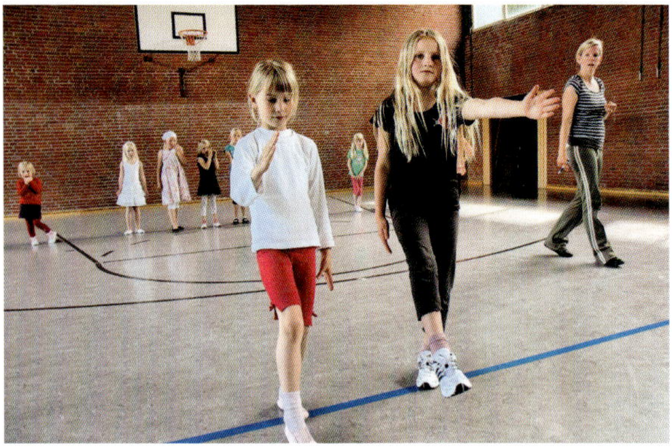

2. Der Raum mit den Wackelpuddingmännchen

In diesem Raum verwandeln sich die Kinder in Männchen aus Wackelpudding, deren Körper keine Knochen haben, sondern aus Wackelpudding bestehen.

Die Kinder sollen die Bewegungen frei im Raum ausprobieren und improvisieren. Sie bewegen sich ohne jede Spannung im Raum.

Die Bewegungsqualitäten und Möglichkeiten werden vorher mit den Kindern besprochen:

- Weiche, wabernde Bewegungen, ohne Körperspannung.
- Diese Männchen können sich auch am Boden bewegen – rollen, kriechen etc.
- Sie können alle Gliedmaßen schlackern lassen.
- Sie können aber keine Sprünge machen, weil sie dafür „zu weich sind!"

Dies ist eine Vorübung für spätere Bewegungsabläufe im „Release". Sie erwärmt gleichzeitig alle Gelenke und schafft Flexibilität für die Wirbelsäule.

Dieser Raum verdeutlicht, in Verbindung mit den „Streichholzmännchen", den Gegensatz zwischen harten und weichen Bewegungen/Bewegungsqualitäten.

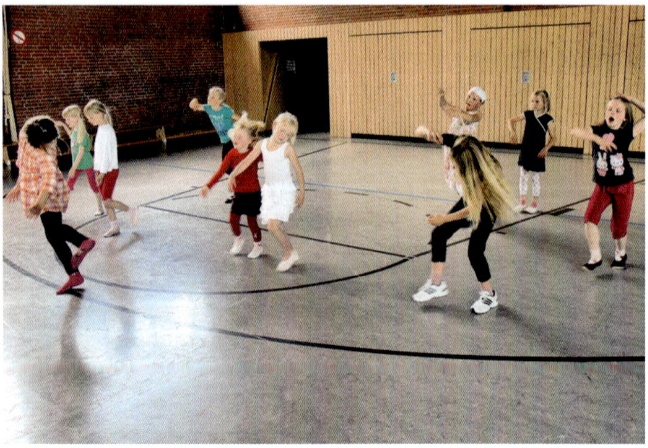

3. Der Raum mit den Flummizwergen

In diesem Raum verwandeln sich die Kinder in kleine Flummizwerge, die sich nur mit kleinen Hüpfern fortbewegen können – wie ein Flummi. Die Kinder sollen sich mit kleinen Hüpfern durch den Raum bewegen. Sie dürfen die Art der Hüpfer selbst ausprobieren – die meisten aber hüpfen dabei mit parallelen Füßen durch den Raum.

Die Bewegungsqualitäten und Möglichkeiten werden vorher mit den Kindern besprochen:

- Kleine, schnelle Hüpfer im Takt der Musik.
- Die Flummizwerge hüpfen mit beiden Füßen parallel durch den Raum.
- Sie müssen die Beine vor jedem Hüpfer ein bisschen „biegen", d. h. in die Knie gehen!

Dies ist eine Vorübung für kleine Sprünge sowie für die Einführung des Demi Pliés vor jedem Sprung. Eine Erwärmung des Körpers wird damit erzielt. Gleichzeitig wird das Rhythmusgefühl der Kinder geschult. 4

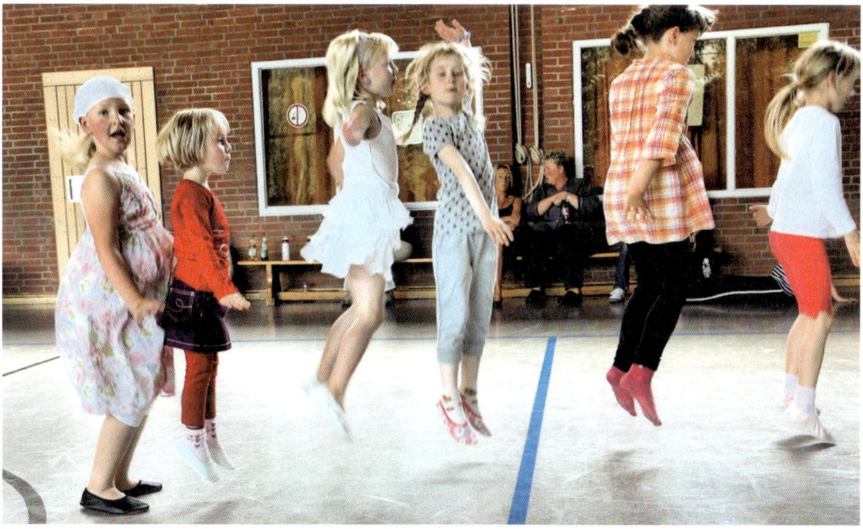

4. Der Raum mit den Seiltänzern

In diesem Raum verwandeln sich die Kinder in schöne Seiltänzer. Sie sollen über ein imaginäres Seil, mit gestreckten Füßen, durch den Raum balancieren.

Zunächst sollen die Kinder das Balancieren auf dem imaginären Seil im Raum selbstständig ausprobieren und improvisieren. Zwischendurch kann die Lehrperson von ihr angeleitete Sequenzen einstreuen. Z. B.: Alle Seiltänzer stehen auf einem Bein auf dem Seil. Alle Seiltänzer strecken einen Fuß nach vorne aus auf dem Seil etc.

Die Bewegungsqualitäten und Möglichkeiten werden vorher mit den Kindern besprochen:

- Schritte auf einer Linie mit gestreckten Füßen.
- Möglicherweise kann versucht werden, auf Zehenspitzen zu gehen.
- Ein gerader und gestreckter Gang mit langem Rücken und Hals.
- Die Seiltänzer dürfen einen Schirm oder einen Stab in den Händen halten, um die Balance zu halten.

Dies ist eine Vorübung für den schreitenden, tänzerischen Gang (Pointé aus dem klassischen Ballett). Das Gefühl der Kinder für Balance und Gleichgewicht wird geschult. Gleichzeitig wird die Streckung der Füße sowie die gerade Haltung des Körpers gefördert.

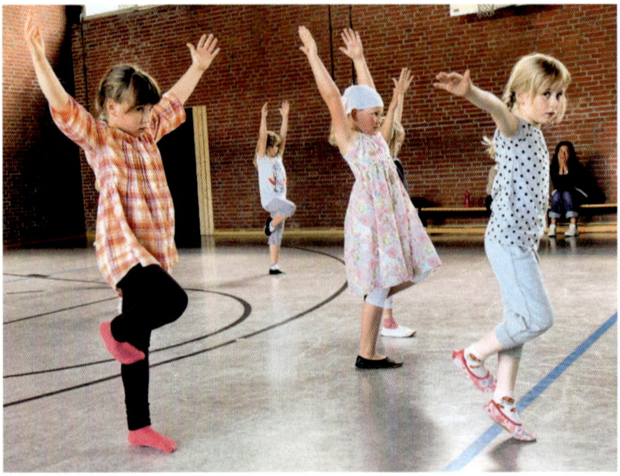

b) Tiere

1. Der Pinguinraum

In diesem Raum verwandeln sich die Kinder in Pinguine, die über die Eisdecke watscheln. Zunächst sollen die Kinder die Bewegungen der Pinguine eigenständig im Raum improvisieren und ausprobieren.

Zwischendurch kann die Lehrperson von ihr angeleitete Sequenzen einstreuen: Z. B. geht sie als „Oberpinguin" voran und alle Pinguinkinder müssen ihr folgen und ihr dabei alles nachmachen. Der „Oberpinguin" watschelt in der ersten Fußposition durch den Raum und macht ab und zu kleine Hüpfer in dieser Position. Der „Oberpinguin" steht auf einem Bein, indem er das eine Bein seitlich leicht anhebt.

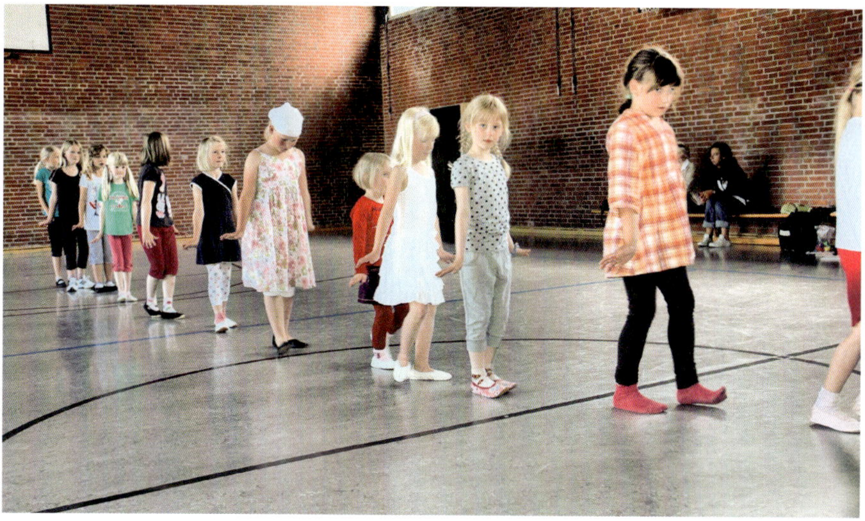

Die Bewegungsqualitäten und Möglichkeiten werden vorher mit den Kindern besprochen:

- Die Pinguine watscheln in der ersten Fußposition (klassisches Ballett), also mit leicht nach außen gedrehten Füßen.
- Der Oberkörper der Pinguine wackelt beim Watscheln leicht hin und her.
- Sie haben einen ganz langen, gestreckten Rücken.
- Sie machen in der ersten Fußposition einen kleinen Hüpfer auf dem Eis, wofür sie vorher die Beine leicht beugen müssen, um hochhüpfen zu können.

Dies ist eine Vorübung für das Demi Plié aus dem klassischen Ballett sowie für einen Sprung in der ersten Position. Die gerade Körperhaltung wird geschult. Es wird ein Gefühl dafür entwickelt, den Körper aus der eigene Mitte herauszubringen. Die Wahrnehmung von Balance und Gleichgewicht wird gefördert.

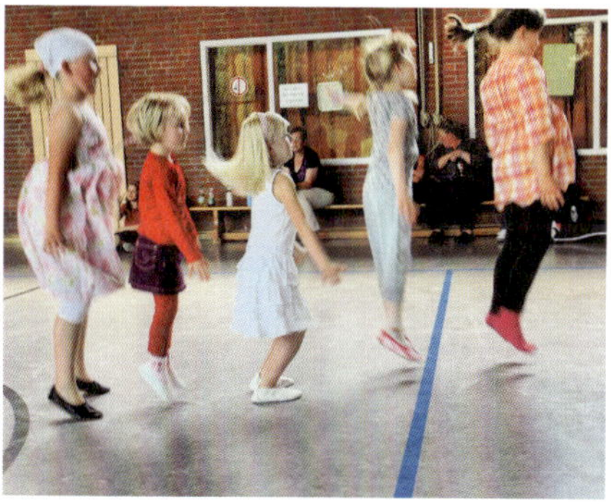

2. Der Raum der Wildpferde

In diesem Raum verwandeln sich die Kinder in ungestüme Wildpferde. Diese Wildpferde galoppieren frei und wild durch den Raum. Sie scharren ungeduldig mit einem Huf im Sand. Sie trippeln unruhig auf der Stelle. Sie springen über einen großen Graben.

Zunächst sollte eine von der Lehrperson angeleitete Sequenz eingebaut werden. Darin sind die Wildpferde ganz ungeduldig und wollen losgaloppieren – sie scharren mit den Hufen im Sand und trippeln unruhig auf der Stelle. Dann, auf ein Zeichen hin, dürfen sie frei durch den Raum galoppieren. Hierbei dürfen die Kinder den „Galopp" selbstständig ausprobieren und improvisieren. Anschließend sollte noch einmal eine angeleitete Sequenz folgen, in der die Wildpferde über einen großen Graben springen. Dies wird von der Lehrperson den Kindern zugerufen: „Alle Pferde springen jetzt mit einem großen Sprung und langen Beinen über einen Graben!" Die Sequenz kann mehrmals wiederholt werden!

Anschließend dürfen die Wildpferde noch einmal frei durch den Raum galoppieren, springen und trippeln, wie sie wollen.

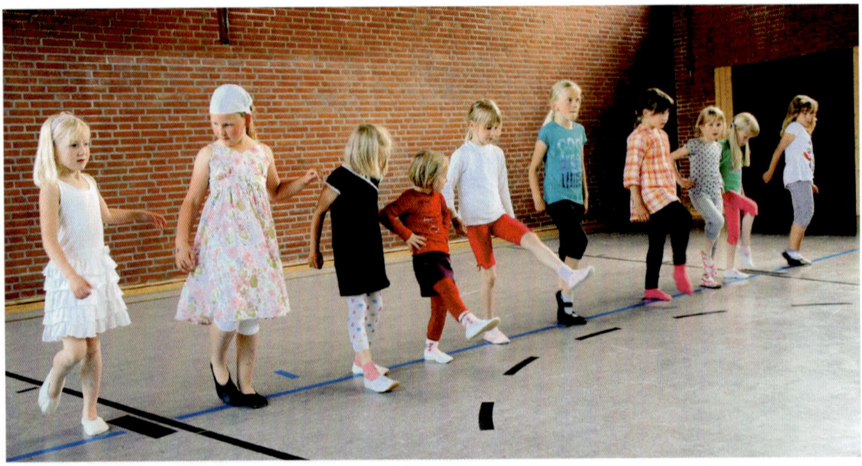

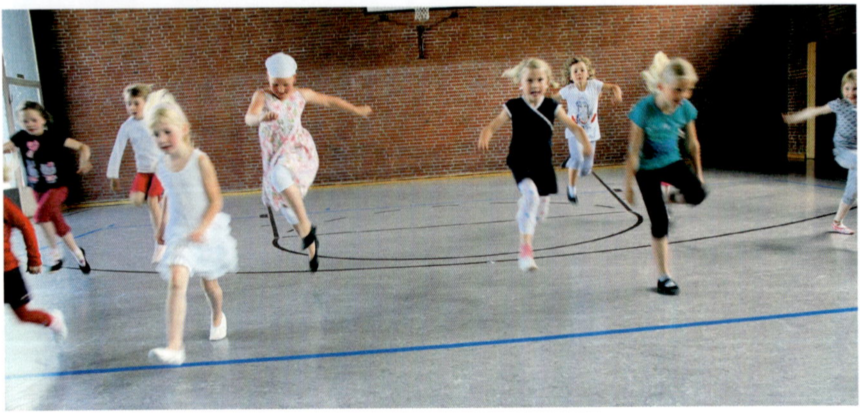

Die Bewegungsqualitäten und Möglichkeiten werden mit den Kindern vorher besprochen:

- Schnelle Bewegungsabläufe und Sprünge durch den Raum.
- Die Wildpferde können galoppieren – dies tun sie, indem sie von einem auf den anderen Fuß springen.
- Sie können mit den Hufen im Sand scharren – mit einem Huf bzw. Fuß nach dem anderen.
- Sie können weit springen – dabei springen sie von einem Fuß auf den anderen und machen lange Beine.

Dies ist eine Vorübung für das Grand Jeté aus dem klassischen Ballett (großer Schrittsprung). Das Gefühl für die Balance wird geschult (ein Fuß scharrt im Sand – fest auf dem Standbein stehen).

4

3. Der Katzenraum

In diesem Raum verwandeln sich die Kinder in Katzen. Sie schleichen auf samtenen Pfoten durch den Raum. Die Katzen schleichen in diesem Fall auf zwei Füßen, nicht auf allen vieren! Die Katzen tollen und toben im Raum herum.

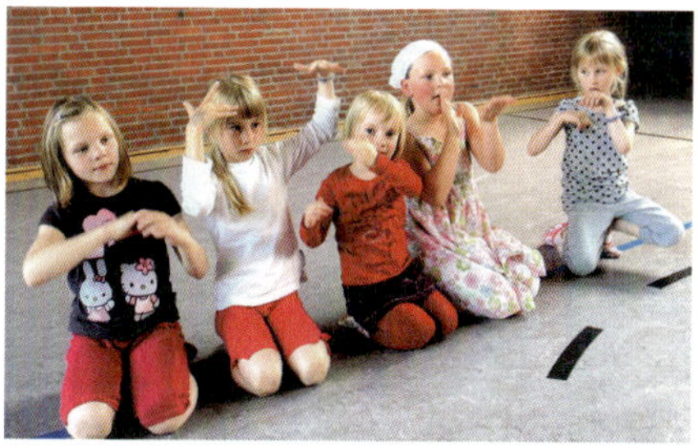

Die Bewegungsqualitäten und Möglichkeiten werden vorher mit den Kindern besprochen:

- Weiche, langsame Bewegungen, die ganz leise ausgeführt werden. Fließende Bewegungen.
- Sie können kleine Sprünge machen.
- Sie können fauchen und ihre Krallen ausfahren.
- Sie legen sich hin und putzen ihre Pfoten – dabei jeweils ein Bein nach oben lang strecken und imaginär mit der Nase daran entlangstreichen. Im geraden Sitz mit den Armen den Kopf putzen.

Dies ist eine Vorübung für kleine Sprünge von einem auf den anderen Fuß – sie werden oft im Kindertanz „Katzensprünge" genannt. Die Kinder bekommen ein Gefühl für langsame, weiche Bewegungsabläufe. Es findet eine Dehnung statt – Arme und Beine werden insgesamt leicht gedehnt. Es wird eine stärkere Dehnung der Beine beim „Putzen" erzielt.

4. Der Mäuseraum

In diesem Raum verwandeln sich die Kinder in kleine Mäuschen. Sie flitzen mit kleinen Trippelschritten durch den Raum. Sie schauen sich oft um, damit sie nicht erwischt werden.

Die Kinder sollen diese Trippelschritte selbstständig im Raum ausprobieren und improvisieren. Wenn die Lehrperson in die Hände klatscht, sollen sich die Mäuschen schnell ein „Mauseloch" suchen und sich darin ganz klein machen und verstecken. Beim zweiten „Klatschen" dürfen die „Mäuschen" wieder weiterflitzen.

Die Bewegungsqualitäten und Möglichkeiten sowie der Ablauf (das Klatschen!) werden vorher mit den Kindern besprochen:

- Schnelle, stakkatoartige Bewegungsabläufe.
- Schnelle, kleine Trippelschritte, die eventuell bereits auf Zehenspitzen ausgeführt werden können.
- Sich „groß" durch den Raum bewegen und sich ganz „klein" machen.

Dies ist eine Vorübung für das Trippeln auf Zehenspitzen aus dem klassischen Ballett. Den Kindern wird ein Gefühl für den Unterschied von „groß" und „klein" vermittelt (durch das Trippeln im Raum und das Verstecken im Mauseloch!). Die Fußmuskulatur wird gestärkt.

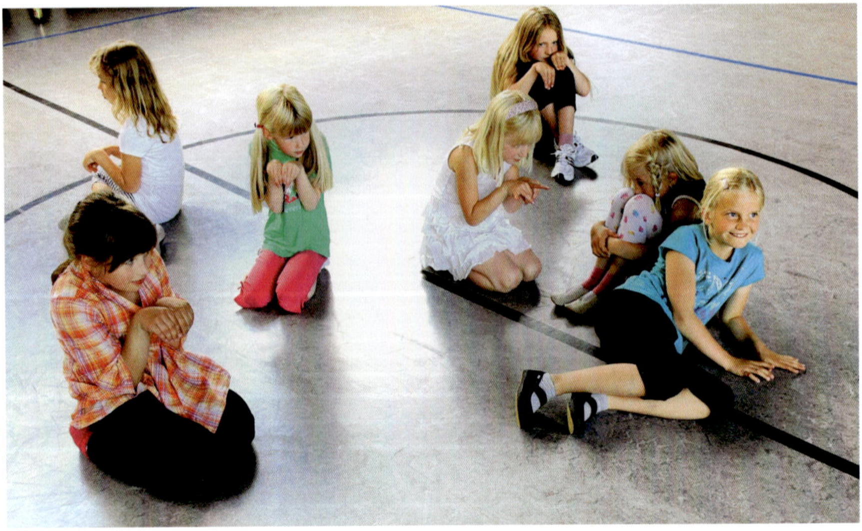

c) Märchen

1. Der Raum vom Froschkönig

In diesem Raum verwandeln sich die Kinder in zwei „Personen" aus dem Märchen. Zunächst werden sie zu Fröschen, die durch den Raum hüpfen. Hierbei dürfen die Kinder die „Froschhüpfer" selbstständig im Raum ausprobieren und improvisieren. Anschließend verwandeln sich alle in die Prinzessin, die im Park mit ihrer goldenen Kugel spielt. Hierbei dürfen die Kinder das Spiel mit der Kugel zunächst selbstständig im Raum ausprobieren und improvisieren.

Zwischendurch wird eine angeleitete Sequenz eingestreut. Dabei unterbricht die Lehrperson die Improvisation und lenkt die Aufmerksamkeit der Kinder auf sich. Sie selbst macht die Übung ebenfalls mit:

4

- Die Prinzessin wirft ihre Kugel in die Luft, dreht sich dann am Platz ganz schnell einmal um sich selbst und fängt dann die Kugel in der gleichen Position wie vorher wieder auf.
- Die Prinzessin wirft die Kugel von einer Hand in die andere und macht dabei jeweils zur Seite einen großen Ausfallschritt.
- Die Prinzessin balanciert die Kugel auf ihrem Kopf und macht dabei einen langen Rücken und einen langen Hals.

Anschließend dürfen die Kinder noch einmal frei durch den Raum tanzen.

Es gibt später in diesem „Zauberraum" auch die Möglichkeit, die Kinder in zwei Gruppen zu teilen: Eine Gruppe sind die Frösche und die anderen sind die Prinzessinnen. Anschließend werden die Rollen noch einmal getauscht. Dies ist nur möglich, wenn der Raum und seine Bewegungsinhalte bereits bekannt sind!

Die Bewegungsqualitäten und Möglichkeiten werden vorher mit den Kindern besprochen:

- Die Frösche machen große Hüpfer auf allen vieren. Dabei müssen sie die Beine stark beugen und sich mit Händen und Füßen vom Boden abdrücken.
- Die Prinzessinnen bewegen sich langsam und elegant.
- Sie machen spitze Füße beim Gehen und haben einen langen Hals und einen gestreckten Rücken.

Dies ist eine Vorübung für spätere Drehungen (Prinzessin wirft den Ball!), indem die Kinder lernen, sich beim Drehen auf einen Punkt zu fokussieren, an dem sie nach der Drehung wieder ankommen sollen. Die gerade Körperhaltung der Kinder wird geschult. Die Streckung der Füße wird geschult. Dies ist eine Vorübung zum Grand Plié aus dem klassischen Ballett (der Hüpfer der Frösche).

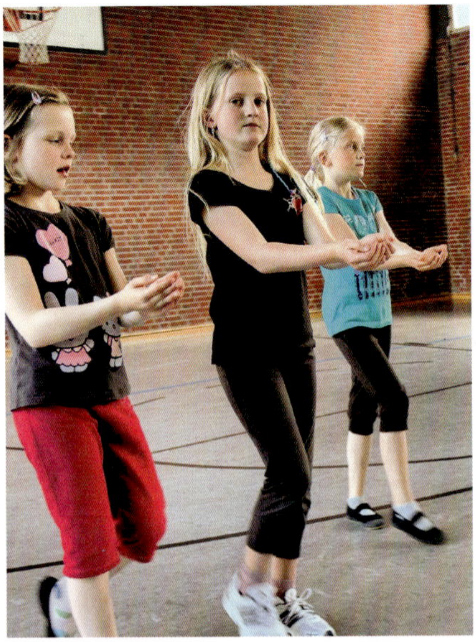

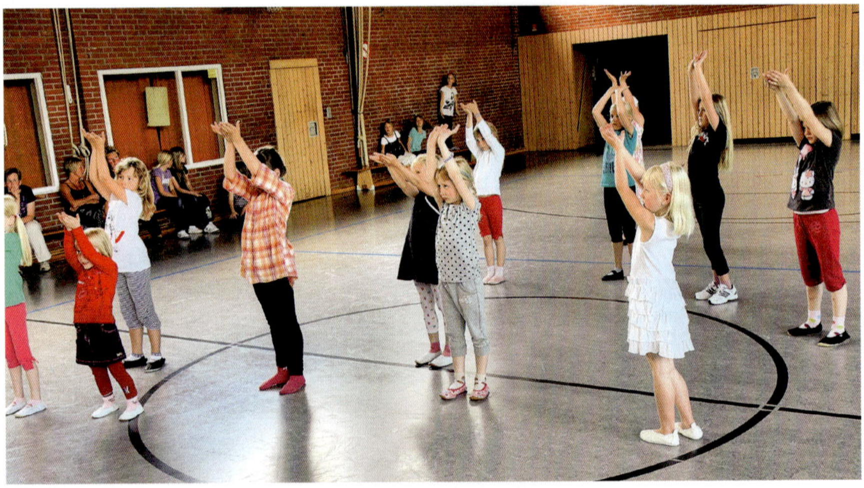

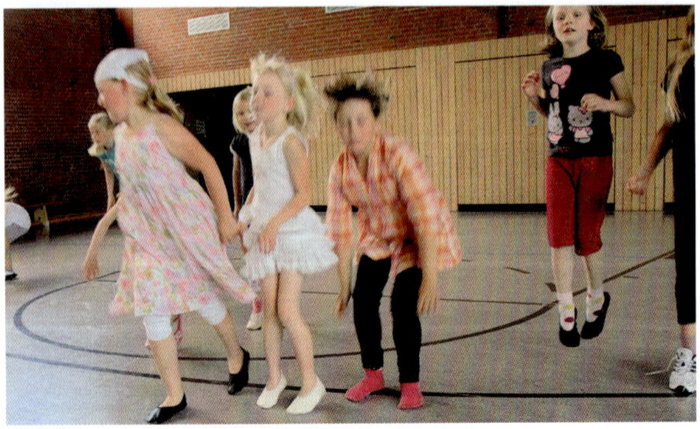

2. Der Raum von Max und Moritz

In diesem Raum verwandeln sich die Kinder in Max und Moritz. Die Kinder können sich dabei aussuchen, welcher der beiden Lausejungen sie sein möchten. Die Kinder dürfen sich zunächst frei im Raum bewegen und ausprobieren, was die beiden Jungen alles anstellen (dazu wurden vorher Ideen gesammelt, falls einige Kinder das Märchen nicht kennen sollten!).

Zwischendurch unterbricht die Lehrperson die Improvisation der Kinder und lenkt deren Aufmerksamkeit auf sich.

Nun werden einige „Tätigkeiten" vorgegeben und gemeinsam ausgeführt:
z. B.

- auf dem Dachfirst balancieren,
- durch den Schornstein rutschen,
- in den großen Bottich mit Teig fallen und darin herumschwimmen und
- auf einen hohen Baum klettern.

Dann dürfen die Kinder noch einmal selbstständig im Raum improvisieren. Dabei können sie Bewegungen und „Tätigkeiten" wiederholen oder sich neue Bewegungen ausdenken.

Die Bewegungsqualitäten und Möglichkeiten werden vorher mit den Kindern besprochen:

- Die beiden Jungen müssen auf dem Dach die Balance halten und dabei vorsichtig einen Fuß vor den anderen setzen.
- Beim Rutschen durch den Schornstein geht die Bewegung „von oben nach unten", also vom Stand in den Sitz.
- Beim Schwimmen durch den Teig müssen sie große, ausladende Armbewegungen machen, um von der Stelle zu kommen.

Mit diesem „Zauberraum" wird das Bewusstsein der Kinder für die verschiedenen Ebenen des Raums geweckt und geschult (oben/unten).

Es ist ebenfalls eine Übung zur Balance und dient der Erwärmung spezieller Partien des Körpers sowie der ganzheitlichen Körpererwärmung.

3. Der Raum der bösen Räuber

In diesem Raum verwandeln sich die Kinder in eine Räuberbande, die durch den finsteren Wald schleicht. Sie haben imaginäre Schlapphüte auf und tragen schwere Säcke über ihren Schultern, in denen sie ihr Diebesgut verstaut haben. Unter dieser Last gehen sie gebeugt, mit schweren Schritten und ziehen den Kopf zwischen die Schultern. Sie schleichen leise durch den Wald, damit sie keiner sieht und gefangen nehmen kann. Immer wieder verstecken sie sich unter einem Strauch oder hinter einem Baum.

Nach der gemeinsamen Ideensammlung können die Kinder in diesem Raum die Bewegungen der Räuber selbstständig ausprobieren und improvisieren: Hier muss es keine Vorgaben der Lehrperson geben.

Die Bewegungsqualitäten und Möglichkeiten werden vorher mit den Kindern besprochen:

- Hier handelt es sich um eine „schwere“ Bewegungsqualität, die in den Boden hineingeht (wichtig beim Modern Dance!).
- Im Gegensatz zur „Prinzessin“ oder auch zum „Pinguin“ ist der Rücken gebeugt und die Schultern fallen nach vorne.

Dieser „Zauberraum“ vermittelt den Unterschied zwischen den Bewegungsqualitäten „schwer“ und „leicht“ und fördert bei den Kindern ein Bewusstsein für eine gerade und eine gebeugte Körperhaltung.

4. Der Raum von Peter Pan

In diesem Raum verwandeln sich die Kinder in den ewigen Jungen Peter Pan. Als Peter Pan können sie fliegen, springen, hüpfen, sich von Seil zu Seil schwingen, auf alle Bäume klettern und mit einem Schwert kämpfen.

Dieser „Zauberraum“ eignet sich daher auch sehr gut für Jungen!

Nach der gemeinsamen Ideensammlung sollen die Kinder hauptsächlich eigenständig improvisieren und sich die Bewegungen Peter Pans ausdenken.

Zwischendurch kann die Lehrperson die Aufmerksamkeit der Kinder auf sich lenken und einzelne Elemente gemeinsam mit ihnen ausführen bzw. vertiefen.

Die Bewegungsqualitäten und Möglichkeiten werden vorher mit den Kindern besprochen:

- Hier findet sich vorrangig die Bewegungsqualität Leichtigkeit, die nach oben strebt und somit den Körper weg vom Boden bringt.
- Der gesamte Körper wird erwärmt sowie einzelne Körperpartien, wie Arme und Schultergelenke.

Dieser „Zauberraum" dient als Vorübung zu verschiedenen Sprungarten. Gleichzeitig wird eine Schulung der körperlichen Ausdrucksfähigkeit der Kinder erreicht.

d) Jahreszeiten

1. Der Raum von „Fräulein Frühling"

In diesem Raum verwandeln sich die Kinder in „Fräulein Frühling", das durch den Garten hüpft. „Fräulein Frühling" trägt ein langes Kleid aus Blumen und das Gras im Garten ist bis zu den Knien hoch gewachsen. Um durch den Garten zu kommen, nimmt es die zwei äußeren Zipfel seines Kleides in die Hände und stützt diese in die Hüfte. Dann hüpft es durch das hohe Gras, indem es von einem auf den anderen Fuß springt und jeweils das unbelastete Bein hochzieht (Skips!) Diese Sprungart sollte vorher mit den Kindern besprochen und gegebenenfalls ausprobiert werden!

Einigen Kindern fällt dies sehr schwer! Es ist nicht schlimm, wenn der „Hüpfer" den Kindern nicht gleich gelingt. Es soll zunächst nur einmal ein Gefühl dafür vermittelt werden, von einem auf den anderen Fuß zu springen und dabei ein Bein hochzuziehen!

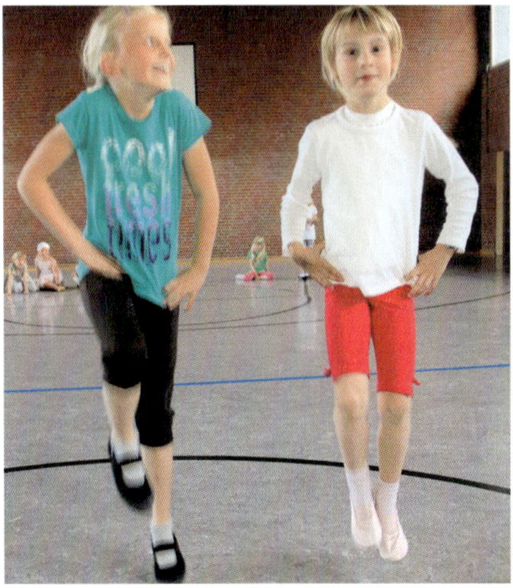

Dieser Teil des „Zauberraums" wird von der Lehrperson vorgegeben.

Anschließend sollte noch eine freie Improvisation der Kinder eingebaut werden: Dabei tanzt und springt „Fräulein Frühling" durch das hohe Gras, wie es ihm gerade einfällt.

Die Bewegungsqualitäten und Möglichkeiten werden vorher mit den Kindern besprochen:

- In diesem „Zauberraum" geht es um Sprungarten, d. h. wieder um die leichte Bewegungsqualität, die nach oben zieht.

Dieser „Zauberraum" dient der Einführung von kleinen Skips und anderen Sprungarten.

2. Der Raum von Frau Sommer und ihren Blumenelfen

In diesem „Zauberraum" verwandeln sich die Kinder in die Blumenelfen von Frau Sommer. Die Blumenelfen schlafen in den Blüten ihrer Blume. Dafür müssen sie sich ganz klein zusammenrollen (Embryohaltung). Die Kinder können diese Haltung bereits auf der Linie (Eingang des „Zauberhauses") einnehmen, noch bevor der Zauber beginnt!

Wenn die Kinder sich ganz klein zusammengerollt haben, beginnt die Zaubermusik. Nun kommt Frau Sommer in ihren Garten – diese wird von der Lehrperson gespielt. Frau Sommer weckt jeden Morgen, wenn die Sonne aufgeht, ihre Blumenelfen, damit diese durch ihren Garten tanzen und alle Blumen zum Blühen bringen.

Die Lehrperson tippt jedes Kind leicht an, damit es „erwacht". Jedes Kind, das geweckt wurde, darf beginnen, durch den Raum zu tanzen. Diese Sequenz ist als freie Improvisation für die Kinder gedacht. Sie dürfen tanzen, wie es ihnen gefällt.

Zwischendurch kann die Lehrperson in der Rolle der Frau Sommer die Aufmerksamkeit der Kinder auf sich lenken und Bewegungssequenzen gemeinsam mit ihnen tanzen.

Danach sollte sich noch einmal eine freie Improvisation der Kinder anschließen, bis es wieder dunkel wird und die Blumenelfen zum Schlafen schnell wieder zurück in ihre Blumenblüte schlüpfen. Die Zaubermusik endet.

Die Bewegungsqualitäten und Möglichkeiten werden vorher mit den Kindern besprochen:

- In diesem Raum geht es um leichte, schwebende Bewegungsqualitäten und freie, tänzerische Improvisation.

Mit diesem „Zauberraum" können verschiedenste Tanzelemente eingeführt werden:

- Drehungen,
- Ausfallschritte,

- Armbewegungen,
- wiegende Bewegungen etc.

Gleichzeitig wird den Kindern ein Gefühl für Leichtigkeit innerhalb von Bewegungen vermittelt. Der Körper wird ganzheitlich erwärmt. Die Kreativität und Bewegungsfindung der Kinder wird angeregt.

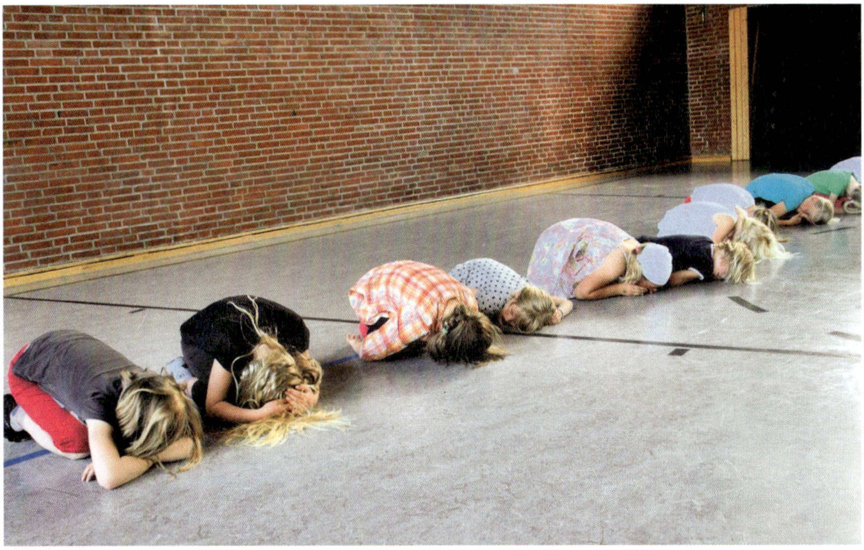

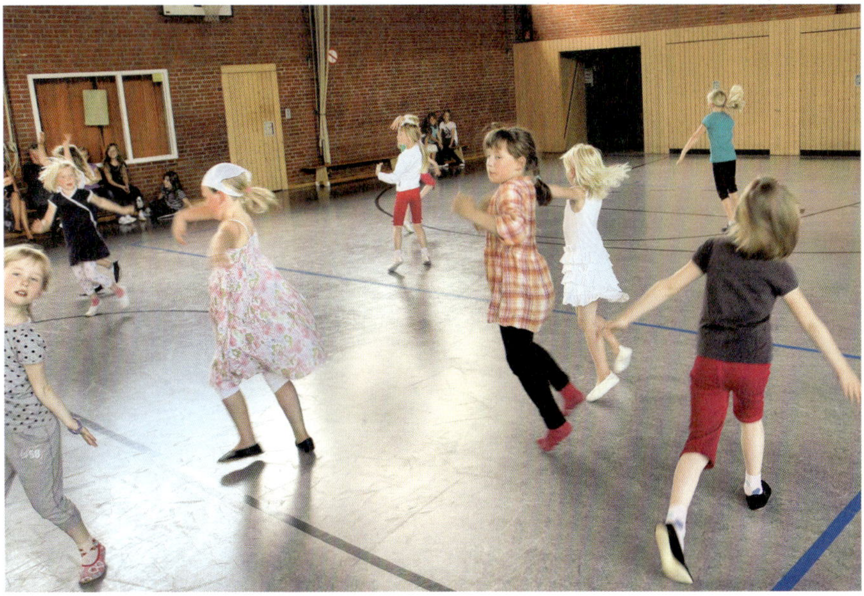

3. Der Raum der Herbstblätter

In diesem Raum verwandeln sich die Kinder in bunte Herbstblätter, die zunächst noch am Baum hängen und sich leicht im Wind wiegen. Dazu nehmen die Kinder die Hände über den Kopf, wobei die Handflächen aneinanderliegen.

In dieser Position stehen sie auf der Linie (Eingang des „Zauberhauses"). Die Zaubermusik beginnt und der Herbstwind kommt. Der Herbstwind wird von der Lehrperson gespielt. Der Wind fegt an den Blättern vorbei und pustet ganz stark, sodass alle Blätter sich vom Baum lösen und durch den Raum wirbeln.

Dieser Tanz der Blätter ist eine freie Improvisation für die Kinder. Hier sind keine weiteren Vorgaben von der Lehrperson notwendig!

Der Herbstwind (die Lehrperson) kann einzelne Blätter immer wieder „anpusten", um sie in Bewegung und in der Luft zu halten.

Die Bewegungsqualitäten und Möglichkeiten werden vorher mit den Kindern besprochen:

- Es handelt sich um eine schnelle und fliegende Qualität in der Bewegung.

Mit diesem „Zauberraum" kann der Gegensatz zwischen „schnell" und „langsam" verdeutlicht werden.

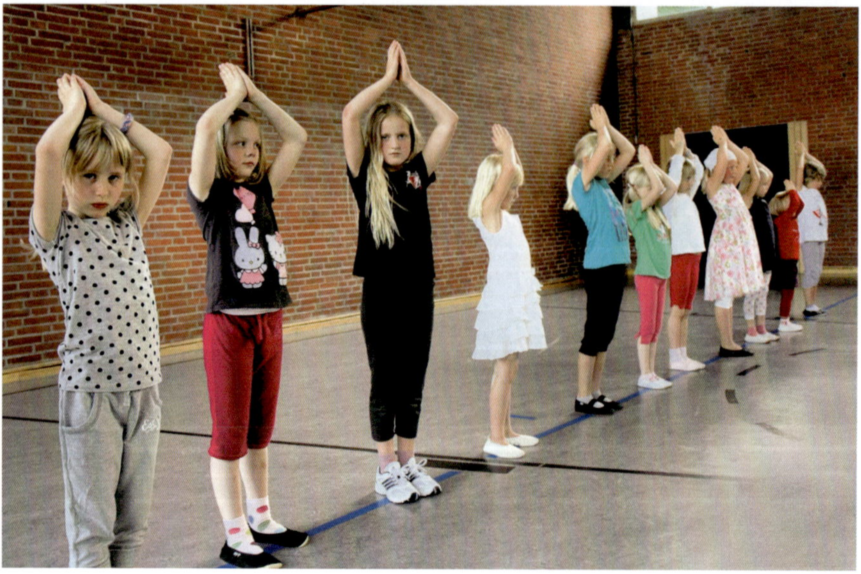

4. Der Raum der Eisprinzessin

In diesem Raum verwandeln sich die Kinder in die Eisprinzessin. Alles, was die Eisprinzessin umgibt, ist aus Eis – ihr Schloss, all ihre Möbel, alle Bäume und Sträucher im Schlosspark, ihre Kleider und Schuhe, einfach alles.

Weil alles sehr zerbrechlich ist, geht die Eisprinzessin immer sehr vorsichtig spazieren. Sie macht ganz feine und langsame Schritte und sie passt immer genau auf, wo sie hingeht. Sie pflückt zwischendurch Eisblumen in ihrem Garten und schmückt sich damit oder tänzelt über ihren See aus Eis.

Nach der gemeinsamen Ideensammlung können die Kinder die Tätigkeiten der Eisprinzessin selbstständig im Raum improvisieren und ausprobieren.

Zwischendurch kann die Lehrperson die Aufmerksamkeit der Kinder auf sich lenken und mit ihnen gemeinsam Bewegungen ausführen, um diese gezielter auszuarbeiten.

Anschließend sollten die Kinder noch einmal in die freie Improvisation gehen.

Die Bewegungsqualitäten und Möglichkeiten werden vorher mit den Kindern besprochen. Es handelt sich in diesem „Zauberraum" um eine langsame, getragene Qualität der Bewegung. Dieser „Zauberraum" dient zur Übung eines geraden, aufrechten und getragenen Gangs. Den Kindern wird ein Gefühl für langsame und mit Bedacht ausgeführte Bewegungen vermittelt. Gleichzeitig wird ihre Vorstellungskraft und ihre Fantasie gefördert.

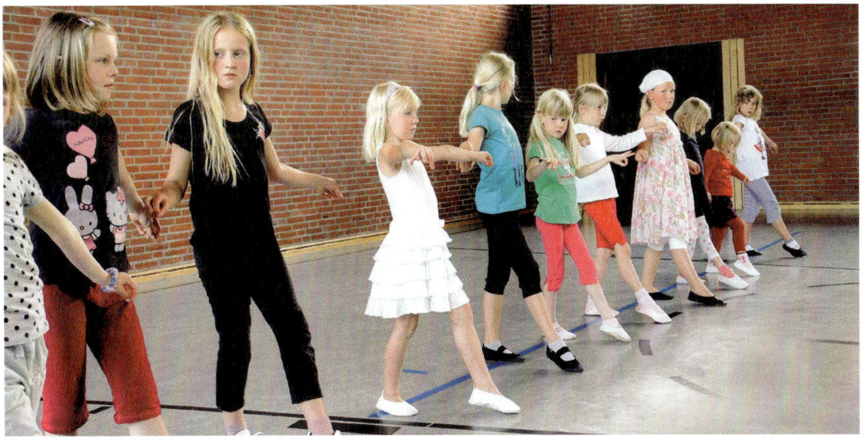

4.4 Weiterentwicklung und Variation der „Zauberräume"

In den bisher beschriebenen „Zauberräumen" geht es darum, sich in eine andere Person, ein Tier oder in einen Gegenstand zu verwandeln. Die Kinder werden also zu jemand anderem, der sich anders bewegt als sie selbst.

Hier möchte ich nun die Möglichkeiten der Weiterentwicklung der „Zauberräume", z. B. für die folgende Altersgruppe der 6-9-Jährigen, sowie deren Variation aufzeigen.

4.4.1 Variation der „Zauberräume"

Die „Zauberräume" für die Altersgruppe der 4-6-Jährigen können dahingehend variiert werden, dass die Kinder sich nicht in imaginäre Personen, Tiere oder Gegenstände verwandeln, sondern in den „Zauberräumen" ausschließlich **Bewegungsaufgaben** gestellt bekommen, die sie ausführen sollen, wenn sie den Raum betreten. Die Kinder bleiben dabei sie selbst und führen die gestellten Aufgaben in ihrer realen Identität aus.

Beispiele

Der Wasserraum

Der Boden dieses „Zauberraums" besteht nur aus Wasser. In diesem Wasser liegen in regelmäßigen Abständen Steine. Diese Steine sind recht klein, sodass man nur auf einem Fuß darauf stehen kann.

Die Kinder sollen versuchen, trockenen Fußes durch diesen „Zauberraum" zu kommen, indem sie von einem Stein zum anderen springen. Auf den Steinen können sie jeweils nur auf einem Bein stehen. Sie springen dabei von einem Fuß auf den anderen.

Lernziel/Effekt

Dieser Raum ist eine Vorübung für die Jeté-Sprünge aus dem klassischen Ballett. Beim Stehen auf einem Bein wird gleichzeitig die Fähigkeit der Balance geschult.

Eine weitere Aufgabe kann dabei sein, die Sprünge von Stein zu Stein im Takt der Musik zu machen. So wird auch das Rhythmusgefühl und die Musikalität der Kinder gefördert.

Der Klebstoffraum

Der Boden in diesem „Zauberraum" ist bedeckt mit dickem Klebstoff oder Leim. Wenn man die Füße hebt, zieht der Leim lange Fäden. Die Kinder sollen versuchen, durch diesen Raum zu kommen. Sie müssen dabei die Füße richtig vom Boden abheben, um die Leimfäden loszuwerden.

Zwischendurch verlieren sie das Gleichgewicht und müssen sich schnell mit den Händen abstützen und die Beine gestreckt lassen. Der Po muss dabei oben in der Luft bleiben, damit kein Klebstoff an die Hose kommt – gestreckter Vierfüßlerstand.

Lernziel/Effekt

Dieser Raum schult das Gefühl der Kinder für schwere, in den Boden ziehende Bewegungen. Das Hochheben der Beine bewirkt eine Erwärmung des Körpers. In der Position des „Hundes" (Vierfüßlerstand) erreichen wir eine maximale Dehnung der hinteren Bein- und Gesäßmuskulatur sowie der Rückenmuskulatur.

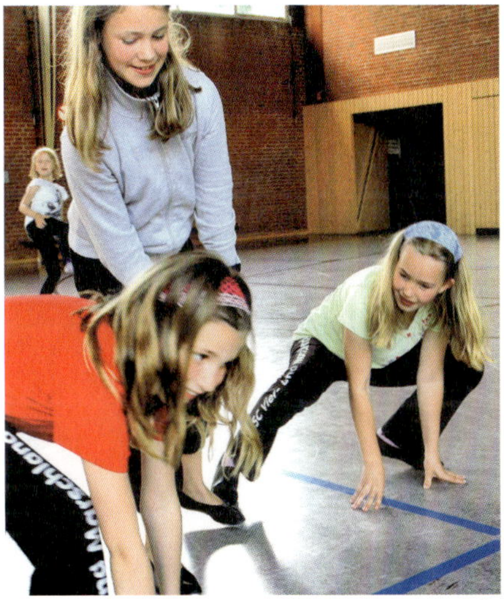

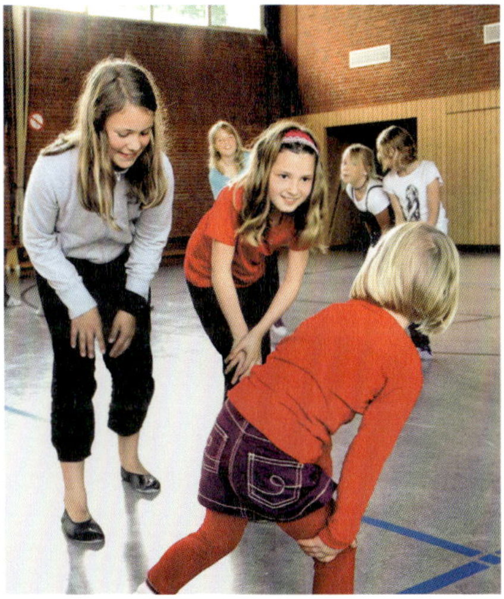

4.4.2 Weiterentwicklung der „Zauberräume" für die Altersgruppe der 6-9-Jährigen

Die eher märchenhaften Bilder in den „Zauberräumen" für die 4-6-Jährigen empfinden die älteren Kinder häufig als zu „kindisch"! Deshalb wird für die 6-9-Jährigen aus dem „Zauberhaus" das „Abenteuerhaus" und aus den „Zauberräumen" die „Bewegungs- oder Abenteuerräume".

Wie oben in der Variation der Zauberräume gezeigt, werden den Kindern hier nur noch Bewegungsaufgaben innerhalb der Räume gestellt. Die Kinder verwandeln sich nun nicht mehr in Märchenfiguren oder Tiere (Es sei denn, sie wünschen es sich!), sondern sie haben ganz praktische Aufgaben zu erfüllen und Hindernisse zu überwinden. Der Ablauf der Improvisationseinheit bzw. des Arbeitsmodells bleibt dabei gleich!

Mögliche „Bewegungsräume"

- **Der Watteraum:** Der Boden besteht aus Watte, die Kinder müssen mit leichten Bewegungen und auf Zehenspitzen über diesen Watteboden gehen, um nicht durchzubrechen und nach unten zu fallen (Gang auf Zehenspitzen/langsame, getragene Bewegung).
- **Der Gummibänderraum:** Im ganzen Raum sind Gummibänder dicht an dicht vom Boden zur Decke gespannt – die Kinder müssen diese mit langen und gestreckten Armen und Beinen auseinanderziehen und dehnen, um durch die Gummibänder hindurchzukommen (Dehnung/Streckung /fließende Bewegungen).
- **Der Balkenraum:** In diesem Raum gibt es anstelle des Bodens nur Balken – die Kinder müssen über diese Balken balancieren, um durch den Raum zu kommen (Balance).
- **Der Luftballonraum:** In diesem Raum schweben Luftballons dicht an dicht – die Kinder müssen beim Durchqueren des Raums diese Luftballons zur Seite kicken. Sie dürfen dazu jedoch nicht ihre Hände benutzen, sondern nur die Schultern, die Hüfte, die Ellbogen, den Kopf und die Knie (Koordination der verschiedenen Körperteile).
- **Der Hindernisraum:** In diesem Raum tauchen plötzlich verschiedenste Hindernisse auf. Die Kinder müssen zügig durch diesen Raum rennen und dabei immer wie-

der, nach ihrem eigenen Gusto, den Hindernissen ausweichen, indem sie, je nach Hindernis, darüber wegspringen, drunter durchtauchen oder drumherumlaufen (ganzkörperliche Erwärmung/Schulung von schnellen Reaktionen sowie der Vorstellungskraft und der Reaktionsfähigkeit).

Zusammenfassung

4-6 Jahre

Es empfiehlt sich, das „Zauberhaus" mit seinen „Zauberräumen" zu verwenden, in denen sich die Kinder in märchenhafte, imaginäre Figuren verwandeln oder einfache Bewegungsaufgaben gestellt bekommen.

Die gewählten Bilder können und sollten lyrisch und märchenhaft sein, um die Fantasie der Kinder anzuregen und zu nutzen.

Kinder zwischen vier und sechs Jahren lieben es, sich zu verwandeln und glauben an ihre „Zauberei"!

6-9 Jahre

Es empfiehlt sich, das „Abenteuerhaus" mit seinen „Bewegungs- oder Abenteuerräumen" zu verwenden, in denen die Kinder an die Realität angelegte, praktische Bewegungsaufgaben gestellt bekommen.

Die Kinder bewegen sich darin in ihrer eigenen Identität und müssen dennoch ihre Fantasie und Vorstellungskraft einsetzen, um diese Bewegungsaufgaben zu improvisieren.

Erfahrungswerte

Ich arbeite nun bereits seit fünf Jahren mit dem Arbeitsmodell „Das Zauberhaus". Ich unterrichte es jede Woche in meinen Kursen der 4-6-Jährigen und der 6-9-Jährigen.

In keinem meiner Kurse ist es den Kindern bisher langweilig geworden! Im Gegenteil: Die Kinder sehen diese Improvisationseinheit als festen Bestandteil der Stunde an, erwarten ihn und freuen sich darauf.

Würde ich diese Einheit, in genau der Form, weglassen oder austauschen wollen, gäbe es und gab es bereits riesige Beschwerden seitens der Kinder. Dies gilt für beide Altersgruppen!

Manche Kinder fingen mit vier Jahren mit dem Tanzen bei mir an und haben dabei das „Zauberhaus" kennengelernt. Diese Kinder sind dann mit sechs Jahren in die nächste Gruppe weitergegangen und haben auch da das weiterführende Modell des „Abenteuerhauses" mit Freude mitgemacht.

Ich kann dieses Arbeitsmodell also sehr empfehlen, denn

- es gibt Struktur für die Stunde und den Kindern die Sicherheit, aus sich herauszugehen;
- es vereinfacht und verkürzt die Vorbereitungszeit;
- es ermöglicht einen ruhigeren Ablauf der Einheit, durch die Ritualisierung;
- es eignet sich sehr gut für große Gruppenstärken und für den Unterricht in Turnhallen;
- es spricht Mädchen und Jungen gleichermaßen an und
- es ist beliebig ausbaufähig.

Sie können dieses Modell nach Ihrem Gusto unendlich ausweiten und variieren. Vielleicht kann es Ihnen den Einstieg in die Arbeit mit Improvisation erleichtern.

Dieses Arbeitsmodell ist so angelegt, dass Sie daraus Ihre eigene Arbeitsweise mit Improvisation gestalten können und für einen unbestimmten Zeitraum in alle Richtungen damit agieren können.

Auflistung von „Zauberräumen für Jungen":

- Cowboy und Indianer
- Piraten
- Räuber
- Eishockey

- Schneemann bauen
- Autofahren im Verkehr (Vorwärts- und Rückwärtsgang/bremsen an Ampeln/ scharfe Kurven fahren etc.)
- Flugzeug fliegen als Pilot
- Mit der Eisenbahn fahren

Und einige der oben bereits aufgeführten Räume.

Vor allem die „Abenteuerräume"!

4

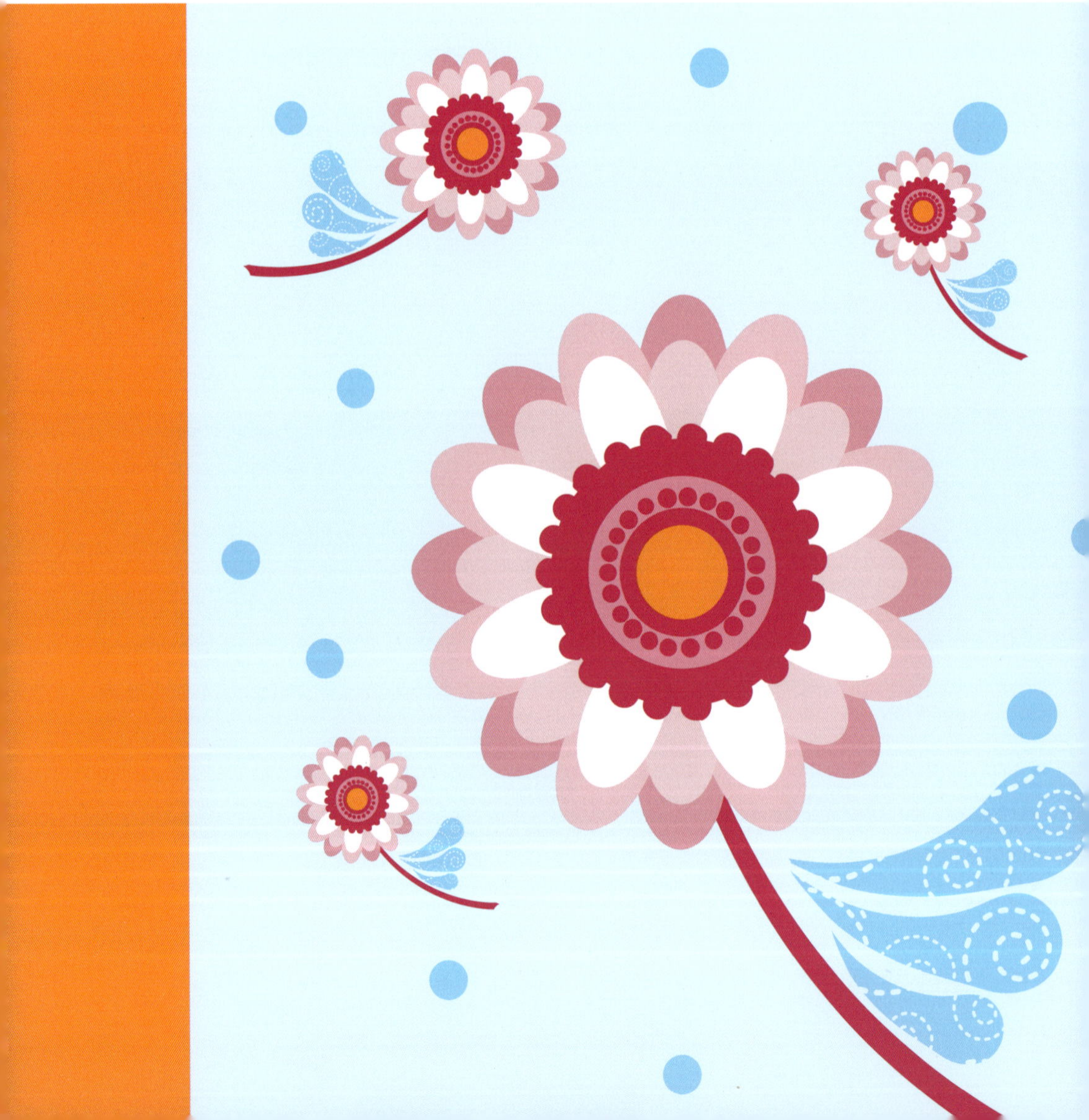

KAPITEL 5

GRUNDKENNTNISSE ZUM UMGANG MIT MUSIK

5.1 Musik hören im Hinblick auf Improvisation

Die Musik ist, neben unserem Körper und unserer Stimme, das wichtigste Element unserer tänzerischen Arbeit mit Kindern. Dabei unterscheidet sich häufig die Musikauswahl für Choreografien und die Auswahl für die Improvisationseinheit. Musikstücke für Choreografien und für kleine Tänze sind oft mit Text unterlegt, der zum Teil die Abläufe der Tanzsequenzen vorgeben kann. Die Musikstücke für die Improvisation sollten möglichst instrumentale Stücke sein, da hier keinerlei Vorgaben durch Text enthalten sein sollten, um die Fantasie frei schweifen zu lassen.

Musik im Allgemeinen, aber vor allem die instrumentale Musik, transportiert sehr stark Bilder und Emotionen – dies nennt man auch die **emotionale Funktion in der Musik**. Diese Fähigkeit der Musik wird z. B. im Film und in der Werbung genutzt. Vor allem aber auch im Tanz! Die emotionale Funktion der Musik gibt uns die Möglichkeit, innere Bilder zu entwickeln, die wir dann spontan mit unserem Körper in Bewegung umsetzen können. Die Musik trägt uns dabei und hilft uns, Hemmungen oder Ängste abzulegen.

Wir können uns ein Stück weit hinter der Musik verstecken und uns von ihr mitreißen lassen. Kinder tun dies oft viel intuitiver als wir Erwachsenen! Wenn Kinder eine bestimmte Musik hören, dann können sie sehr schnell damit bestimmte Bilder und Fantasien verbinden und gehen ganz leicht und spielerisch in die freie Bewegung hinein.

Deshalb ist die Auswahl der Improvisationsmusik für unseren Unterricht von so großer Bedeutung!

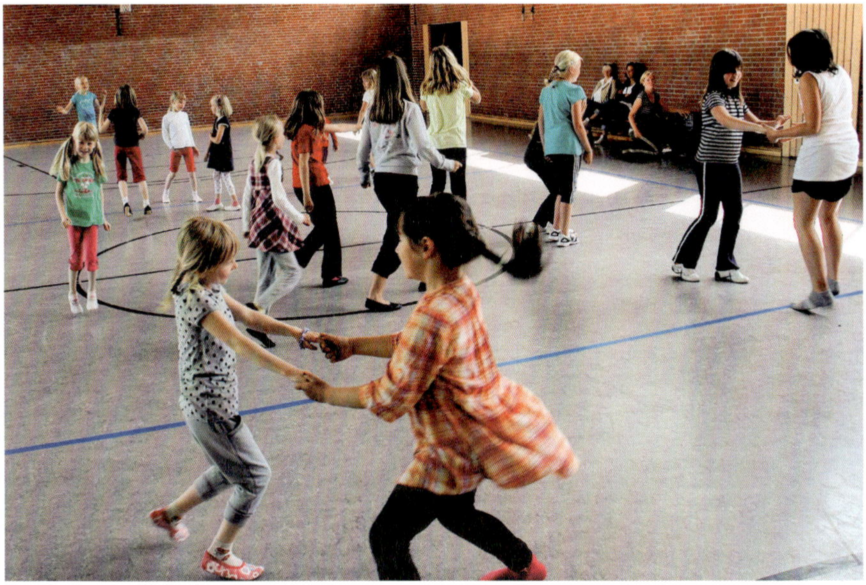

5

Wir nehmen uns einfach ein Musikstück, z. B. von Chopin oder von Bach, und versuchen, es mit viel Ruhe und ganz genau anzuhören. Dabei sollten wir wahrnehmen, welche Bilder dazu in unserem Kopf entstehen. Keine Sorge, es entstehen immer Bilder!

Ist das Musikstück schnell oder langsam, fließend oder abgehackt, hat es Höhen und Tiefen, klingt es traurig oder beschwingt, ist es lyrisch oder realistisch etc.?

Mit Musikstücken von Chopin verbindet man häufig märchenhafte Gestalten, die z. B. durch einen Wald tanzen. Bei Musikstücken von Bach entstehen oft Bilder von fließenden und/oder mächtigen Gewässern. So finden wir z. B. ein Musikstück von Bach für eine Improvisation oder einen „Zauberraum", in dem sich die Kinder in die reißenden Wellen stürzen sollen. Oder wir finden ein Stück von Chopin, in dem sich die Kinder in Elfen verwandeln, die des Nachts durch einen Wald tanzen.

Ein Musikstück kann auch unterschiedliche Themen aufweisen, die sich z. B. in ihren Tempi unterscheiden oder eben auch in ihrer emotionalen Funktion. Ein solches Musikstück bietet die Möglichkeit, innerhalb eines „Zauberraums" die Bewegungsimprovisation zu wechseln: Z. B. sind wir zuerst traurig und bewegen uns langsam und tragend. Dann werden wir fröhlicher und verändern auch dementsprechend unsere Bewegungsart und das Bewegungstempo.

Dann gibt es Musikstücke, die ein Echo enthalten, wie z. B. „Die vier Jahreszeiten" von Vivaldi. Hier kann man mit Zweiergruppen improvisieren, indem ein Kind eine Bewegung vorgibt und das andere Kind diese Bewegung anschließend als Echo wiederholt.

Zusammenfassung

Ich höre ein instrumentales Musikstück im Hinblick auf seine **musikalische Beschaffenheit:**

- Themen und Themenwechsel,
- Tempi und Tempiwechsel und
- Echo.

Oder im Hinblick auf seine **emotionale Wirkung**, die es auf mich hat:

- traurig, fröhlich, heiter,
- beschwingt, bedrückend,
- fließend, abgehackt,
- hart, weich,
- etc.

5.2 Die richtige Musik finden

Oft werden wir gefragt, wo wir unsere Musik finden. Deshalb möchte ich hier ein paar Tipps geben, wo man Improvisationsmusikstücke finden kann und welche Musik sich aus meinen Erfahrungen heraus gut eignet.

Wahrnehmen

Ab dem Moment, wo Sie mit dem Unterrichten von Tanz beginnen, sollten Sie wach sein für jede Musik, die Sie unterwegs hören! Das kann im Kaufhaus sein, beim Friseur, im Café oder bei Freunden! Scheuen Sie sich nicht, z. B. im Café nachzufragen, welche Musik im Hintergrund gerade spielt. Ich selbst habe auf diesem Wege schon einige meiner besten Musikstücke oder auch Musikrichtungen gefunden.

Beginnen Sie einfach, Musik in Ihrem Alltag bewusster wahrzunehmen! Das kann helfen, neue Musikrichtungen zu finden und im Unterricht einzusetzen.

Einfach suchen

Oft gehe ich auch einfach in Musikgeschäfte, streife durch die Regale, um mich von einzelnen CD-Covern inspirieren zu lassen. So ein Cover kann mich durch den Titel, seine Farbe oder die Bildgestaltung ansprechen. Dann höre ich in diese CD hinein, ohne sie vorher gekannt zu haben und oft finde ich dabei ganz neue Musik, die ich nutzen kann.

Das beansprucht natürlich viel Zeit und Muße! Sie können selbstverständlich auch im Internet nach Musikrichtungen suchen!

Gezielt fragen

Klassische Musik eignet sich sehr gut für die Improvisation. Wenn Sie noch keine Erfahrung mit klassischer Musik haben und solche Musik nicht oft in Ihrem Alltag hören – keine Panik, das ging mir auch so!

Gehen Sie doch einfach mal in eine Musikhandlung für klassische Musik und fragen Sie gezielt nach bestimmten emotionalen Funktionen: „Ich suche Musik von einem Komponisten, die beschwingt und heiter klingt." Dort kann man Sie sicher beraten und Ihnen einen Einblick verschaffen. Ich habe das selbst auch so gemacht!

Welche Musik bzw. Interpreten ich empfehlen kann:

- Alle Musikkompositionen aus dem Bereich des „Easy Listenings", z. B. die CDs von „Café del Mare".
- Musik aus dem Entspannungsbereich (Klang-CDs o. Ä.), wie man sie z. B. in Massagestudios hört – solche CDs findet man häufig auch in Drogeriemärkten an der Kasse für wenig Geld!
- Musik der Komponisten Chopin, Bach, Mozart und Beethoven.
- Musik von David Garret.
- Musik von Soundtracks zu bestimmten Filmen: z. B. „Die fabelhafte Welt der Amelie" oder „Das Piano" – einfach mal in der Musikabteilung durchhören!
- Jede Art von Walzermusik: z. B. von Johann Strauß.
- Manchmal gibt es auf den „Grabbeltischen" in den Musikabteilungen großer Kaufhäuser CDs für 5,- € mit Walzermusik/Mozart oder Bach – zugreifen!

Machen Sie sich einfach auf den Weg und entdecken Sie Musik unter ganz neuen Gesichtspunkten. Dafür muss man sich am Anfang erst einmal viel Zeit nehmen.

Das Suchen und Finden von Musik ist und bleibt in unserem Beruf eine der wichtigsten und zeitaufwendigsten Tätigkeiten! Aber es macht auch immer wieder Freude, sich mit verschiedensten Musikrichtungen zu beschäftigen.

Wir können hier nur einige Anregungen geben – auf die Entdeckungsreise müssen Sie selbst gehen!

Viel Spaß dabei!

5.3 Musik zählen und strukturieren für Choreografien

Um eine Choreografie für den Unterricht zu gestalten, muss ich das Musikstück „auszählen" d. h. für meine Choreografie strukturieren, damit ich sie für die Kinder verständlich machen kann. Ich muss das Musikstück in Zahlen übersetzen!

Die meisten Musikstücke, die wir für Choreografien verwenden, sind im Viervierteltakt geschrieben. Diese Taktform ist für Choreografien zu empfehlen, weil sie einfach zu hören und zu strukturieren ist. Wir zählen im Tanz eine Phrase mit acht Schlägen, also zwei Takte des Viervierteltakts! Eine Bewegungseinheit besteht also aus acht sogenannten „**Zählzeiten**".

1, 2, 3, 4, 5, 6, 7, 8 = eine Bewegungseinheit

Ein Beispiel

1 + 2 die Arme nach oben ziehen
3 + 4 die Arme wieder runterbringen
5 + 6 einen Schritt nach vorne
7 + 8 einen Schritt wieder zurück

Diese Bewegungseinheit ist damit abgeschlossen! **Auf jede „Zählzeit" passiert also eine Bewegung.**

Mit der nächsten „Eins" beginnt dann die nächste abgeschlossene Bewegungseinheit. Deshalb sprechen wir im Tanz von sogenannten **Achtern**. Damit können wir ein Musikstück für eine Choreografie genau strukturieren und einteilen!

Wenn ich ein Musikstück für eine Choreografie ausgesucht habe, dann muss ich zunächst die „Achter", aus denen das Stück besteht, zählen.

Ein Musikstück ist meistens aus verschiedenen Teilen zusammengesetzt. Z. B. Intro/Strophe/Refrain/Bridge/Strophe/Refrain/Bridge 2/Strophe/Refrain/Refrain/Autro

Intro = Einleitung des Stücks
Strophe = gleichbleibendes musikalisches Thema mit unterschiedlichem Text

Refrain	=	immer wiederkehrendes Thema mit gleichbleibendem Text
Bridge 1	=	eingefügtes, neues Thema – wie eine Art „Brücke"
Bridge 2	=	eingefügtes, neues Thema, das sich von der ersten „Brücke" unterscheidet
Autro	=	Ausklang des Stücks

Das Musikstück in seine „Achter" zu unterteilen bzw. zu strukturieren, bedeutet nun, die einzelnen Teile des Stücks in ihre „Achter" zu gliedern.

Ein Beispiel

Intro	=	4 Achter
Strophe	=	16 Achter
Refrain	=	8 Achter
Bridge 1	=	4 Achter
Bridge 2	=	4 Achter
Autro	=	4 Achter

Je nachdem, wie viele Strophen das Stück hat, wie viele unterschiedliche Bridges oder wie oft sich der Refrain wiederholt, habe ich auf diese Weise alle „Achter" des Stücks ausgezählt und das Stück für die Choreografie strukturiert.

Nun muss ich für jeden „Achter" einzelne Bewegungseinheiten festlegen und diese tänzerisch gestalten. Diese können sich natürlich innerhalb des Stücks wiederholen!

Mit dieser Form der Strukturierung kann ich aus einem Musikstück eine tänzerische Choreografie gestalten!

5.4 Schreibweise einer Choreografie im Beispiel

Choreografie „My Man is a Mean Man" Stefanie Heinzmann

Altersgruppe 7-9 Jahre

5

Intro 2 x 8 Zeiten

1 - 8 Armkreis über außen

1 - 8 Armkreis über innen

Strophe 9 x 8 Zeiten

1 + 2 Stepp mit rechts vor/Stepp links mit Wendung nach rechts (Front rechts)

3 - 8 rechte Hand schüttelt nach vorn „hot"/Oberkörper neigt sich nach vorn

1 + 2 rechte Hand Kreis über Kopf und nach unten fallen lassen

3 + 4 Schultern schütteln nach vorn (Oberkörper neigt sich nochmals vor)

5 + 6 linker Fuß schließt ran in erste Position

7 + 8 Kopf nickt 2 x zum Publikum

1 + 2 Stepp links vor und Stepp rechts
mit Wendung wieder nach vorn in erste Position geschlossen

3 + 4 Schultern zucken 2 x/Hände an Hüfte

5 - 8 rechter Arm zieht lang zur Seite raus/Ausfallschritt rechts

1 - 4 rechter Arm zieht über die Seite außen, nach oben,
am Körper runter/linker Fuß schließt ran

5 + 6 Arme vor Körper über Kreuz, „übern Berg", seitlich am Körper nach unten
(wie eine „Schlangenbewegung")
– rechter Fuß öffnet dabei seitlich in zweite Position

7 + 8 „snake" rechts/Füße schließen damit in erste Position

1 + 2 Tap rechts seit/rechte Hand seitlich mit raus

3 + 4 Tap links seit/linke Hand seitlich mit raus

5 + 6 wiederholen rechts

7 + 8 wiederholen links

1 + 2 Slide diagonal rück rechts mit Klatschen
3 + 4 Slide diagonal rück links mit Klatschen
5 + 6 Slide diagonal rück re
7 + 8 Slide diagonal rück li
Beide Achter wiederholen – zweite Acht mit Slide vor und klatschen.

1 - 8 am Platz gehen und Armkreis über außen

Refrain 8 x 8 Zeiten
1 + 2 2 Stepps vor mit rechts
3 + 4 re und li Füße öffnen in zweite Position
5 + 6 Arme vorne ausgestreckt/Hände übereinander „abwehrend/
Hände wackeln 2 x/Hüfte wackelt mit 2 x
7 + 8 Arme übern Kopf ziehen und öffnen dabei/Körperwelle

1 + 2 Schultern wackeln rechts
3 + 4 Schultern wackeln links
5 - 8 rechter Arm zieht lang zur Seite raus

1 + 2 zwei Stepps rück mit rechts
3 + 4 Füße öffnen re und li in zweite Position
5 + 6 Arme vor Körper ausgestreckt/Hände übereinander „abwehrend"/
2 x wackeln/Hüfte 2 x wackeln
7 + 8 Arme übern Kopf ziehen (s. oben)

1 + 2 Schultern wackeln rechts
3 + 4 Oberkörper neigt sich nach links/rechte Hand „ein Telefon – halten" am Ohr
5 - 8 in „Telefonhaltung" wippen

1 - 8 erste Acht des Refrains wiederholen

1 - 8 rückwärts gehen mit Armkreis über außen

1 - 8 Armkreis am Platz

1 - 4 Hände übereinander auf Brust (Herz)
5 - 8 mit rechter Hand großen Handkuss nach vorne

Strophe 9 x 8 Zeiten

Siehe oben

Refrain 8 x 8 Zeiten

Siehe oben – ohne letzte Acht mit Handkuss!

Bridge 1 2 x 8 Zeiten

1 + 2 hüpfen mit Front rechts (rechte Schulter zeigt nach vorne)

3 - 8 linke Hand lang nach vorne rausziehen („präsentieren")

5

1 + 2 hüpfen mit Front nach links

3 - 8 rechte Hand nach vorne rausziehen

Bridge 2 6 x 8 Zeiten

Gruppenteil kann individuell verändert werden, hier nur ein Vorschlag!

2 x 8 im Pulk zusammenkommen

1 - 8 im Pulk Schultern wackeln re und li

2 x 8 wieder in Tanzposition

1 - 8 Armkreis über außen

Bridge 3 8 x 8 Zeiten

Refrain ohne viele Instrumente – Refrain mit kleinen Bewegungen wiederholen.

Refrain 8 x 8 Zeiten

Siehe oben

Autro 2 x 8 Zeiten

1 - 8 Armkreis über außen

1 - 8 rechter Arm zieht nach oben und nach unten – Schlusspose

Liedstruktur

Intro

Strophe

Refrain

Strophe

Refrain

Bridge 1

Bridge 2

Bridge 3: Refrain abgewandelt

Refrain

Autro

Schlusspose

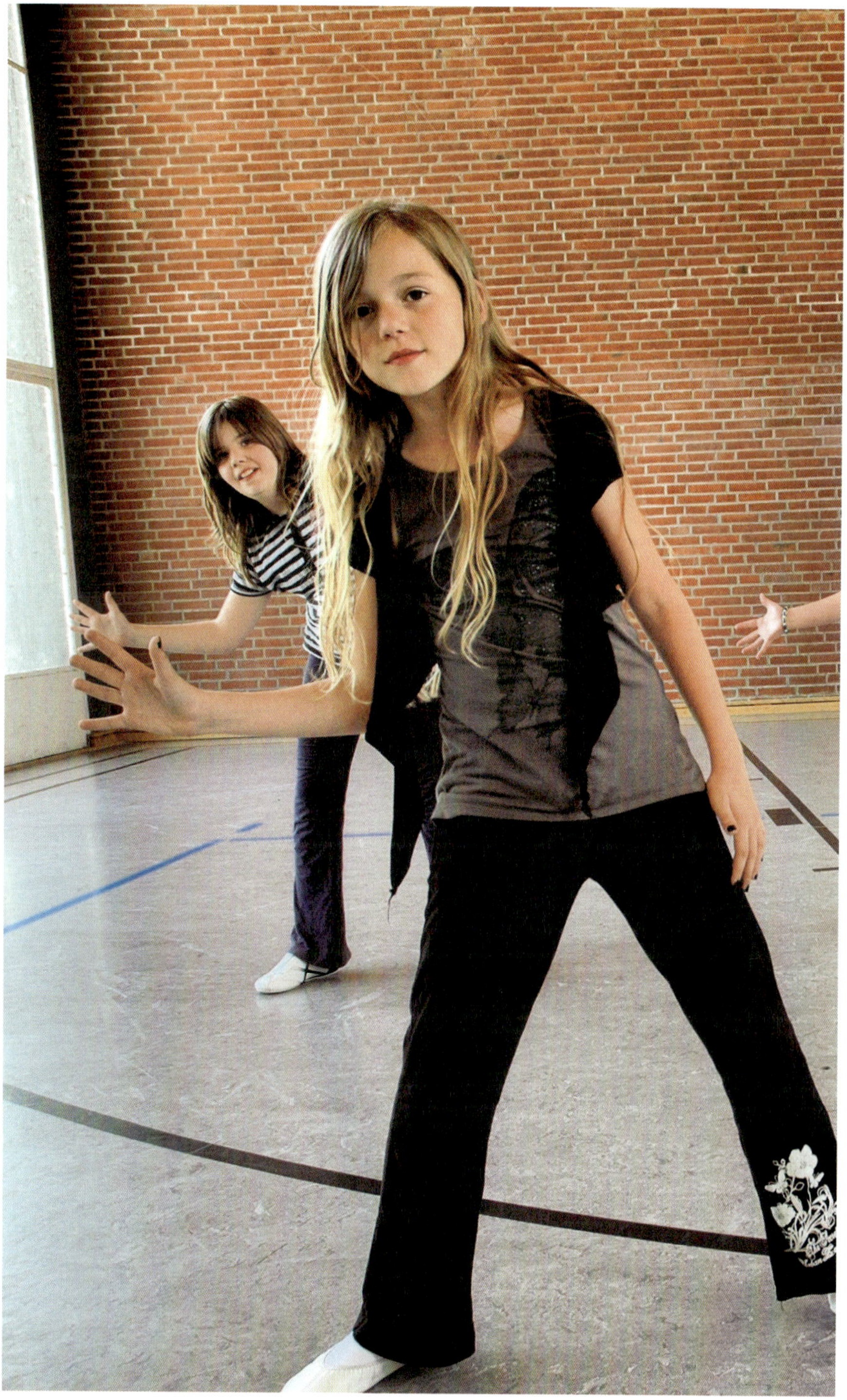

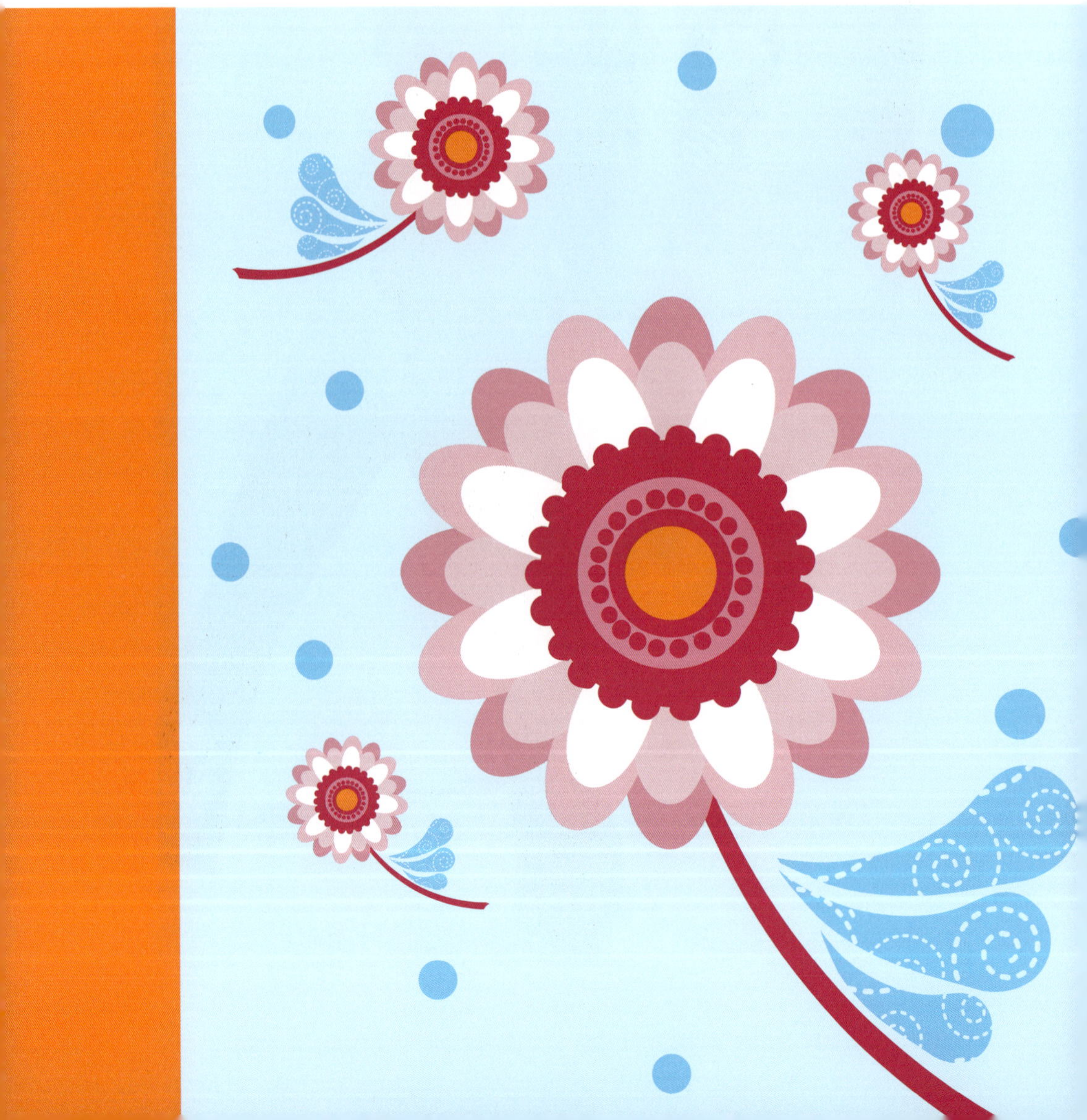

KAPITEL 6

PRAKTISCHE TIPPS FÜR EINE KREATIVE KINDERTANZSTUNDE

6.1 Regeln und Grenzen in der Freizeitpädagogik

Alles, was ich Ihnen in diesem Kapitel schildern möchte, beruht auf meinen persönlichen Erfahrungen, Erlebnissen und Problemen. Ihre eigenen Erfahrungswerte und daraus resultierende Einstellungen und Methoden können daher ganz andere sein!

In unseren Seminaren gibt es unter den Teilnehmern immer einen großen Gesprächsbedarf zum Thema: „Wie halte ich es als Freizeitpädagoge mit Regeln und Grenzen?" Deshalb möchte ich diesem Thema auch hier ein paar Zeilen einräumen.

Grundsätzlich würde ich sagen: Unser Unterricht im kreativen Kindertanz sollte einen ernst zu nehmenden Stellenwert im Hinblick auf Lernziele, Qualität und Bildung der Kinder haben. Auch wenn er in der Freizeit stattfindet! Dafür sind klare Regeln und Grenzen im Unterricht notwendig.

Als Anleiter oder Übungsleiter in Vereinen sollten Sie sich nicht scheuen, Ihre Ansichten von Reglementierungen durchzusetzen und einzufordern. Der Grund dafür ist, dass wir Wert auf einen qualitativ hochwertigen Tanzunterricht legen sollten, mit dem wir nachhaltige Lerneffekte für die Kinder erzielen. Auch deshalb, weil der kreative Kindertanz Fähigkeiten der Kinder schult und formt, die für ihre persönliche und spätere schulische Entwicklung von Nutzen sein können.

Es gibt verschiedene Punkte, an denen sich die Frage nach Regelungen und Grenzsetzungen innerhalb des Unterrichts festmachen.

6.1.1 Gruppenstärken

In einigen Vereinen haben wir als Tanzpädagogen oder Tanzlehrer das Problem, dass es oft keine Begrenzungen der Gruppenzahlen geben darf. Eine Gruppenbegrenzung verträgt sich häufig nicht mit dem sportlichen Selbstverständnis des Vereins, denn dort sollen alle Angebote für alle Mitglieder zugänglich sein. Das ist aus der Perspektive des Vereins auch durchaus verständlich.

Im kreativen Kindertanz, gerade bei der Altersgruppe der 4-6-Jährigen, ist diese Handhabung für uns jedoch oftmals sehr schwierig! In einer Kindertanzgruppe mit über 20 Kindern zwischen vier und sechs Jahren ist es der Lehrperson nicht mehr problemlos möglich, auf jedes Kind entsprechend eingehen zu können. Etwaige tänzerische Korrekturen sind bei über 20 Kindern auch nicht mehr effektiv möglich!

Nun kann man den Vergleich zum Schulsport ziehen, wo ebenfalls zum Teil Klassen von bis zu 30 Schülern unterrichtet werden. Beim Tanzen ist es unbedingt notwendig, auf die Kinder individuell eingehen zu können, um ihr kreatives und tänzerisches Potenzial erkennen, ausschöpfen und formen zu können.

Zudem handelt es sich um Unterricht mit sehr kleinen Kindern und nicht mit Schulkindern, denen Regeln möglicherweise schon bewusster vermittelt werden können, als Kindern von vier Jahren.

Als Übungsleiterin in Sportvereinen sollten Sie zumindest ansprechen, ob es die Möglichkeit einer Gruppenbegrenzung und einer eventuellen Warteliste gibt. Die Begrenzung sollte, vorrangig bei den 4-6-Jährigen, im besten Fall bei maximal 15 Kindern liegen. Alle weiteren Anmeldungen können auf eine Warteliste gesetzt werden und wenn ein Kind abgemeldet wird, kann ein anderes nachrücken.

Falls diese Möglichkeit vom Verein abgelehnt wird, können Sie, mithilfe von Struktur und **ganz klaren Regeln** in Ihrer Stunde, einer großen Gruppenstärke Herr werden!

Sollten Sie im Kindergarten oder in der Schule unterrichten, ist es auch hier empfehlenswert, mit Teilgruppen zu arbeiten!

6.1.2 Eltern

Oft stellt sich im Seminar die Frage nach „dem Zugucken" der Eltern während der Stunde! In vielen Vereinen ist es ganz normal, dass die Eltern im Unterricht zugucken dürfen.

Jeder Übungsleiter kann das halten, wie er will! Dem einen macht das nichts aus und der andere fühlt sich in seinem Unterricht gestört.

Wenn die Mütter mit im Raum sitzen, besteht allerdings die Gefahr, dass die Kinder sehr viel unkonzentrierter sind und schneller vom Unterricht abgelenkt werden.

Auch die Mütter laufen „Gefahr", sich doch ein bisschen, wenn auch leise, miteinander zu unterhalten – das stört häufig den Übungsleiter, lenkt ihn ab und stört somit auch den Unterricht!

Die Kinder haben so die Möglichkeit, wenn ihnen etwas nicht gefällt, schnell zu ihrer Mutter oder ihrem Vater zu laufen und sich dem Unterricht zu entziehen.

Verlockend ist auch, während der Stunde zur Mutter zu laufen, um etwas zu trinken oder zu essen – was natürlich dann auch alle anderen 10 Kinder tun werden und die Stunde unweigerlich unterbricht.

Dies sind Faktoren, die dem Übungsleiter das Unterrichten nicht gerade einfacher machen. Es wäre also ratsamer, eine feste Regelung für die Eltern zu schaffen.

Die könnte z. B. sein, dass die Eltern normalerweise während der Stunden draußen warten und jeweils vor den Sommer- und Weihnachtsferien eine „offene Stunde" oder eine kleine Aufführung angeboten wird. So können die Eltern in regelmäßigen Abständen sehen, was ihre Kinder lernen und welche Fortschritte sie machen.

6.1.3 „Auf die Bank setzen"

Wie im Schulbetrieb haben auch wir es oft mit schwierigen Kindern zu tun, die unseren Unterricht mit ihrem Verhalten „sprengen" können. Es gibt häufig sogar Kinder, die sich dem Unterricht gänzlich verweigern. In solchen Fällen sind es häufig die Eltern, die möchten, dass ihr Kind tanzt und nicht das Kind selbst! Hier sollten die Eltern direkt mit der Empfehlung angesprochen werden, einen anderen Freizeitkurs für ihr Kind zu suchen, für den es mehr Motivation und Freude zeigt.

Was aber tun, wenn Kinder, die grundsätzlich Lust zum Tanzen haben, derartig querschlagen, dass sie unseren Unterricht stören?

Bei der Antwort auf diese Frage steht für mich wieder die Einführung und Durchsetzung konkreter und konsequenter Regeln im Mittelpunkt.

Ein Beispiel

Ein Kind hat keine Lust, den Stundenbaustein „Tanz" mitzumachen, weil ihm das Lernen und Einprägen der Schrittfolgen zu anstrengend ist. Immer zum Beginn dieses Stundenteils bekommt das Kind zuverlässig Bauchschmerzen, Fußschmerzen oder andere Beschwerden. Diese sind anschließend aber sehr schnell verschwunden, wenn die Spiele beginnen.

Schickt man das Kind auf die Bank, besteht schnell die Gefahr, dass auch andere Kinder plötzlich unter Schmerzen leiden und sich unbedingt auf die Bank setzen müssen – dann steht man irgendwann allein in der Halle!

In einem solchen Fall kann es die Regelung geben, dass das Kind sich natürlich auf die Bank setzen darf, wenn es ihm nicht gut geht. Wenn es sich aber entschieden hat, auf der Bank zu sitzen, bleibt es dort bis zum Ende der Stunde, um sich wirklich auszuruhen.

Das betreffende Kind wird sich wahrscheinlich trotz dieser Ansage zunächst auf die Bank setzen wollen. Spätestens, wenn das Spiel beginnt, wird es ihm plötzlich wieder besser gehen und es möchte wieder mitmachen. Jetzt heißt es, die Regel konsequent durchzuziehen, damit sie nachhaltig ihre Wirkung zeigt.

Das Kind merkt, dass es ihm keinen wirklichen Vorteil einbringt, auf der Bank zu sitzen und wird beim nächsten Mal wahrscheinlich eine andere Entscheidung treffen und lieber den „Tanzbaustein" mitmachen!

Sie werden natürlich aus Ihren Erfahrungen heraus irgendwann ein Gefühl und einen Blick dafür bekommen, wenn ein Kind wirklich Schmerzen hat und wann es aus Unlust heraus simuliert!

Auch im Nachmittagsunterricht sind Regelungen und vor allem auch klare Konsequenzen unerlässlich!

Haben Sie kein schlechtes Gewissen, wenn ein Kind für den Rest der Stunde auf der Bank sitzen muss und dabei ein trauriges Gesicht macht! Es kann ja in der nächsten Stunde anders entscheiden!

Es sollte für die Kinder und für die Eltern klar sein, dass es in der Tanzstunde auch ums Lernen geht und generell beim Tanzen auch um eine gewisse Form von Durchhaltevermögen!

Natürlich soll der Unterricht auch Spaß machen und das ist dann der Fall, wenn er strukturiert und reibungslos ablaufen kann. Meine Erfahrung ist, dass Kinder diese Regeln und vor allem auch Grenzen brauchen, um zu lernen. Nur innerhalb von positiv eingegrenzten Räumen können Kinder sich entwickeln und sicher bewegen. Dies bezieht sich durchaus auch auf die Grenzen der Lehrperson – Ihre persönlichen Grenzen im Umgang mit den Kindern! Machen Sie den Kindern und auch den Eltern ruhig deutlich, wo Ihre Grenzen sind.

Bei einem Kind, das massiv und wiederholt stört, andere Kinder ansteckt oder sogar angreift, sollte man sich nicht scheuen, die Eltern anzusprechen und es des Unterrichts zu verweisen. Natürlich erst nach einigen Stunden, in denen man alle zur Verfügung stehenden Mittel, wie:

- sich wiederholende Ermahnungen,
- das Kind mehrfach auf die Bank setzen und
- ein eingehendes Gespräch mit dem Kind und eventuell mit den Eltern führen,

ausprobiert hat!

Eine solche Maßnahme ist natürlich ein „Härtefall“ und nur in der äußersten Not anwendbar – aber durchaus möglich und notwendig, wenn man als Lehrperson nicht mehr weiterweiß. Diesen Schritt kann man auch mit der Vereins- oder Studioleitung absprechen und absichern.

6.1.4 Diskussionen

Immer wieder höre ich das Problem von Übungsleitern, dass die Kinder oder auch die Eltern anfangen, über Stundeninhalte diskutieren zu wollen. Solche Diskussionen rauben der Stunde enorm viel Zeit und dem Übungsleiter enorm viel Kraft und Nerven!

Bei den Kindern geht eine solche Diskussion z. B. mit Vorliebe bei der Musikauswahl für eine Choreografie los! Vorrangig bei den Kindern ab 6/7 Jahren und aufwärts. „Das Lied finde ich aber doof, dazu tanze ich nicht! Warum können wir nicht zu dem anderen Lied tanzen?"

Man sollte sich möglichst nicht mit den Kindern auf Diskussionen innerhalb der Stunde einlassen! Es führt ins Uferlose und in den meisten Fällen nicht zu einem Resultat, sondern zu schlechter Laune!

Die meisten Kinder wollen mit solchen Aussagen ihre Grenzen austesten und sehen, wie weit sie gehen können. Ich will damit nicht sagen, dass die Kritik der Kinder immer überhört werden sollte – auf keinen Fall! Wir sollten die Kinder und ihre Wünsche immer ernst nehmen. Sicherlich erkennt man, wann eine Kritik der Kinder ernst zu nehmen ist und wann nicht. Dies hängt sicher auch mit dem Kind selbst und der Art und Weise zusammen, wie die Kritik oder der Wunsch rübergebracht werden.

Sie sollten als Lehrperson deutlich machen, dass Sie bezüglich des Stundeninhalts das letzte Wort haben. Dennoch sollte man den Kindern immer auch das Gefühl geben, ihre Ideen und Wünsche wahrzunehmen und einzubeziehen. Im Endeffekt entscheiden jedoch Sie als Lehrperson, nach welchem Musikstück getanzt wird. Für die Kinder muss ganz klar sein, wer in der Stunde das Sagen hat, sonst beginnen sie, diese fehlende Autorität auszunutzen. Dann ist ein reibungsloser Ablauf der Tanzstunde gestört! Deshalb ist es unbedingt notwendig, dass Sie immer voll und ganz überzeugt sind von dem, was Sie mit den Kindern tun. Wenn Sie diese Überzeugung deutlich machen, werden die Kinder auch ganz schnell von ihren Zweifeln und Meckereien ablassen!

Diese Sicherheit und Überzeugung innerhalb des eigenen Unterrichts stellt sich natürlich nicht von heute auf morgen ein, sondern kommt mit der Zeit und mit der Erfahrung.

Zusammenfassung

- Regeln und Grenzen sind wichtig!
- Regeln und Grenzen müssen unbedingt konsequent eingehalten werden.
- Machen Sie deutlich: Dies ist meine Stunde und hier bestimme ich!
- Versuchen Sie, auch selbst das Gefühl zu haben: „Hier bin ich der Chef!", damit Sie glaubwürdig wirken.
- Grenzen Sie sich, wenn nötig, gegenüber den Kindern ab – Sie MÜSSEN nichts tun!
- Zeigen Sie gegenüber Eltern und Vereins- oder Studioleitung Ihre Grenzen auf und stehen Sie zu Ihren Wünschen und Forderungen für Ihren Unterricht.
- Scheuen Sie sich nicht, störenden Kindern gegenüber konsequente Maßnahmen zu ergreifen und verabredete Regelungen durchzuziehen.
- Stehen Sie zu Ihren Stundeninhalten und Ihren Konzepten.
- Lassen Sie sich nicht auf Diskussionen mit den Kindern ein, bezüglich der Musik oder der allgemeinen Stundeninhalte.
- Versuchen Sie, sich gegenüber unberechtigten Kritiken oder In-Frage-Stellungen vonseiten der Kinder ein Stück weit emotional immun zu machen.

6.2 Einsatz von Stimme und Körper/ Gestik und Mimik

Neben der Musik haben wir drei Instrumente, die für unseren Unterricht von größter Wichtigkeit sind:

- unseren Körper,
- unsere Stimme und
- die Gestik und Mimik.

Alle diese Elemente sollten wir gezielt einsetzen, um die Kinder für unsere Stunde zu begeistern und zur Bewegung zu motivieren.

Körper

Wenn ich von unserem Körper als Instrument spreche, meine ich nicht, dass man einen durchtrainierten Tänzerkörper vorweisen muss, um kreativen Kindertanz zu unterrichten! Ich meine vielmehr, dass wir versuchen sollten, uns in unserem Körper und seinen Bewegungen wohlzufühlen. Dann können wir ausstrahlen, dass wir zu unseren Bewegungen stehen. Diese Ausstrahlung kann sich auf die Kinder übertragen. Ihnen werden dadurch eigene Hemmungen genommen und sie werden dazu motiviert, sich tänzerisch frei im Raum zu bewegen.

Als Lehrperson für Tanz sollte man nur tänzerische Elemente auswählen, die man selbst auch mit Sicherheit ausführen kann! Alles, was Sie in Ihrer Stunde vermitteln möchten, sollten Sie selbst mit absoluter Sicherheit tanzen können und vor allem auch die Musik, die Sie auswählen, mit absoluter Sicherheit zählen können!

Kinder neigen dazu, vor allem auch ab Beginn der Pubertät, Bewegungen kleiner zu machen, als gewollt. Dies passiert häufig, weil sie sich in ihrem Körper unsicher fühlen und sich genieren. Deshalb ist es umso wichtiger, dass die Lehrperson selbst in die Bewegungen hineingeht und diese sogar zum Teil größer ausführt als notwendig. Nur wenn die Lehrperson diese Eigenschaften selbst versucht mitzubringen und einzusetzen, kann sie auch die Kinder dazu motivieren und sie damit anstecken!

Das Gleiche gilt in der Improvisation. Viele Kinder haben zunächst Hemmungen, in die Improvisation zu gehen. Diese Hemmungen können abgebaut werden, wenn die Lehrperson selbst mit Bewegungen in die Improvisationsaufgabe hineingeht und damit den Kindern eine Selbstverständlichkeit der freien Bewegung aufzeigt.

Zusammenfassung

- Versuchen, selbstsicher mit dem eigenen Körper umzugehen.
- Tänzerische Abläufe und Inhalte wählen, die man selbst sicher tanzen kann.
- Musikstücke wählen, die man selbst sicher zählen kann.
- Voller Körpereinsatz in allen Bewegungsabläufen sowie in der Improvisation.

Stimme

Unsere Stimme ist, neben der Musikanlage oder etwaigen Musikinstrumenten, eine weitere Quelle für Musik, Geräusche und Rhythmen, die den Unterricht untermalen und tragen kann. Der häufige Einsatz der Stimme ist also von größter Wichtigkeit!

Mit dem Einsatz der Stimme kann die Lehrperson die tänzerischen Lernprozesse der Kinder vereinfachend begleiten und unterstützen. Sie kann musikalische oder rhythmische Abläufe mit der eigenen Stimme für die Kinder erkennbarer und deutlicher machen.

Beispiele:

- Die Zählzeiten in der Musik werden durch Wörter ersetzt. Die Sprache wird dabei sehr rhythmisch und melodisch passend zur Musik eingesetzt. Dies ist gerade für die kleinen Kinder sehr wichtig! Die Musik und die dazugehörigen Bewegungen werden dadurch anschaulicher und leichter umsetzbar: „Zwei Schritte vor und dann zurück (1-4)/wir drehen uns im Kreis (5-6)/und hüpfen hoch (7-8)."
- Die Impulse oder Bewegungsqualitäten, die in der Musik vorgegeben werden, können mit der Stimme untermalt und verstärkt werden, um sie anschaulicher zu machen: „Hoch, hoch, und ganz tief (...) und dann springen wir gaaaanz hoch (...)." Auch hier muss die Sprache rhythmisch und melodisch passend zur Musik eingesetzt werden.

- In der Improvisation ist der Stimmeinsatz der Lehrperson sehr wichtig, um die Kinder in Bewegung zu halten. Hier sollten die Bewegungsabläufe stetig mit der Stimme untermalt werden, indem man neue Bilder reingibt: „Vielleicht kann sich Fräulein Frühling auch drehen oder kleine Hüpfer machen!" Oder die Bewegungsqualitäten stimmlich verstärken: „Fräulein Frühling muss ganz große Schritte machen, um durch das hohe Gras zu kommen. Sie muss die Knie ganz weit hochziehen, damit sie keine nassen Füße kriegt!" In der Improvisation sollten Sie im Grunde stetig mitsprechen und stimmlich im Geschehen dabei sein! Viele Kinder hören sonst einfach auf mit der Bewegung, wenn die Lehrperson stumm dabeisteht! Ihre Stimme motiviert die Kinder und regt sie an, selbst kreativ zu sein!
- Bewegungsabläufe können durch stimmliche Untermalung mit Geräuschen für die Kinder spannender gestaltet werden: „Und die Tiger schleichen durch das Gebüsch SCHH ... SCHHH ... SCHH ... das hört sich ganz gefährlich an (...)."/„Und dann ertönt plötzlich eine Sirene TATÜTATA TATÜTATA (...) und alle Kinder müssen ganz still stehen bleiben (...)."
- Durch das gemeinsame Singen mit den Kindern wird deren musikalisches Gehör und Verständnis gefördert und geschult. Deshalb sollte man als Lehrperson seine Stimme auch einsetzen, um im Unterricht viel mit den Kindern gemeinsam zu singen.

Durch all diese Beispiele wird die Musik, zu der die Kinder sich bewegen sollen, verständlicher und eingängiger gemacht. Die Kinder können dadurch besser mit der Musik und mit der Bewegung umgehen. Sie lernen, Musik richtig zu hören und entwickeln ein musikalisches Verständnis, wenn wir ihnen mit der stimmlichen Unterstützung dabei helfen!

Gleichzeitig werden die Kinder kreativ motiviert, weil ihnen durch den Einsatz der Stimme Bilder an die Hand gegeben werden, aus denen sie eigene Ideen entwickeln können. Eventuelle Hemmungen der Kinder können abgebaut werden, da sie durch die Stimme ihres Lehrers geleitet werden.

Ein positiver Nebeneffekt ist, dass die Konzentration der Kinder während der ganzen Stunde bei Ihnen als Lehrperson bleibt. Sie können die Kinder durch den häufigen Einsatz Ihrer Stimme auf sich fokussieren!

Als Lehrer für kreativen Kindertanz sollten Sie in Ihrer Stunde permanent stimmlich anwesend sein!

Für Sie selbst, als Lehrperson, bedeutet der Einsatz der Stimme die Möglichkeit, aktiv und mit voller Konzentration in der Stunde anwesend zu sein.

Zusammenfassung

- Stimme als Rhythmusgeber.
- Stimmliches Ersetzen der Zählzeiten durch Wörter.
- Stimme als Impulsgeber.
- Stimme, um Musik verständlicher und umsetzbarer zu machen.
- Stimme zum Schulen der Musikalität (Gesang).
- Stimme als Motivation.
- Stimme als Ideengeber.
- Stimmeinsatz, um Hemmungen abzubauen.
- Stimmeinsatz, um die eigene Präsenz zu stärken.

Gestik und Mimik

Für den Einsatz unserer Gestik und Mimik gilt im Prinzip Ähnliches, wie für den Einsatz der Stimme. Durch das Einsetzen von Gestik und Mimik unterstützen wir die Kinder in ihrem Lernprozess, vereinfachen ihn und nehmen den Kindern ihre Hemmungen.

Beispiele

- Wenn wir einen Zauberraum erklären, untermalen wir die Erklärung mit großen Gesten und spannender Mimik. Die Kinder werden der Erklärung aufmerksamer folgen, sie leichter verstehen und sie sich besser einprägen.
- Bewegungsabläufe in den Improvisationen untermalen wir mit Mimik im Gesicht (z. B. böse gucken als Pirat) und/oder großen Gesten (große Bewegung der Arme, z. B. als Tatzen des Tigers). Damit nehmen wir den Kindern die Angst vor der fremden Bewegung, vermitteln Leichtigkeit und Spannung, die motivierend und anregend auf die Kinder wirkt.

- Beim Einsatz des „Spiegelbildspiels“ (s. Kap. 2) dient der Einsatz der Mimik und Gestik der absoluten und zügigen Fokussierung der Kinder auf die Lehrperson.
- Der Einsatz von Gestik und Mimik z. B. in der Improvisation hilft den Kindern, Bewegungen größer auszuführen und damit tänzerischer zu gestalten.
- Beispielsweise in einem „Piratentanz“ kann der Einsatz von Gestik und Mimik, die von der Lehrperson vorgegeben werden, helfen, die tänzerischen Bewegungsabläufe mit mehr Ausdruck zu füllen.

Wenn Sie als Lehrperson mit Ihrer Mimik und Gestik die Unterrichtsinhalte untermalen, sind Sie auch als Person sehr viel anwesender und präsenter im Raum. Die Kinder werden Ihre Bewegungen und Anleitungen mit viel mehr Spannung, Aufmerksamkeit und Interesse verfolgen und aufnehmen. Die Fokussierung der Kinder auf Sie als Lehrperson wird dadurch einfacher und weniger anstrengend.

Die Stunde gewinnt an Leichtigkeit und Tempo, was wiederum dazu führt, dass Spannungslöcher in der Stunde vermieden werden können. Man kann sagen, dass man als Lehrer für kreativen Kindertanz auch ein bisschen Entertainer und Schauspieler sein kann! Zumindest sollte man Spaß daran haben, selbst in andere Rollen zu schlüpfen, verrückte Bewegungen, Geräusche oder Grimassen zu machen und für kurze Momente noch einmal zum Kind zu werden. Haben Sie keine Hemmungen, auch ein bisschen verrückt in Ihren Stunden zu sein und aus sich herauszugehen – den Kindern wird es dann auch leichter fallen!

Zusammenfassung

- Gestik und Mimik zur Stärkung der kindlichen Aufmerksamkeit.
- Gestik und Mimik, um Hemmungen der Kinder zu vermindern.
- Gestik und Mimik zur Stärkung der eigenen Präsenz.
- Gestik und Mimik zur Stärkung der Ausdrucksfähigkeit von tänzerischen Bewegungsabläufen.

6.3 Umgang mit Ritualen

Das Einsetzen von Ritualen innerhalb der Stunde bedeutet, Abläufe zu ritualisieren.

Der Stundenablauf wird so strukturiert, erhält einen festen Rahmen und wird für die Kinder nachvollziehbar gemacht.

Dieser Rahmen bietet den Kindern einen sicheren Raum, in dem sie sich bewegen können und erleichtert ihnen den Lernprozess.

Es gibt innerhalb eines Stundenablaufs ratsame Platzierungen für Rituale:

- **Stundenbeginn:** Hier sollte unbedingt ein Ritual etabliert werden, das die Kinder wiedererkennen. So können sie sich gut orientieren und in der Stunde ankommen – z. B. Sitzkreis mit Abhaken der Listen/Begrüßung/Namen klatschen/rhythmische Spiele etc.
- **Ruhezeichen:** Ein ritualisiertes, gemeinsames Zeichen, das immer wieder eingesetzt wird, wenn die Kinder zu laut werden – z. B. eine Hand heben/sich auf eine Schulter klopfen o. Ä.
- **Positionierungen im Raum:** Z. B. für den Beginn von Improvisationen kann ein Ritual eingeführt werden, welches diesen Beginn bestimmt. Dies gilt auch für den Ort im Raum, von dem aus begonnen werden soll. Ist daraus ein Ritual geworden, kann man sich später lange Erklärungen sparen – z. B. „Eingang des „Zauberhauses" auf der äußeren Linie in der Halle oder an der Spiegelseite im Tanzraum/Beginn des Stundenbausteins „Tanz" immer im Kreis in der Mitte des Raums etc.
- **Stundenabschluss:** Ähnlich wie am Stundenbeginn sollte hier unbedingt ein Ritual etabliert werden, an dem sich die Kinder orientieren können und um sie aus der Stunde zu verabschieden – z. B. ein gemeinsamer Spruch/ein gemeinsames Lied/ein Abschlussspiel.

Beispiele für ritualisierte Sprüche/Verse oder Spiele

6

Stundenbeginn

- „Kopf hoch und schütteln" als Anfangsvers, s. Kap. 2
- „Den Klatscher rumgeben", s. Kap. 2
- „Namen klatschen", s. Kap. 2
- Gemeinsames Abhaken der Teilnehmerliste, um alle Kinder zu begrüßen

Stundenabschluss

- „Ist es wirklich schon so spät?" als Abschlussspruch, s. Kap. 2
- Das Farbenspiel: „Alle, die was Grünes anhaben, dürfen schon gehen (...)" usw.
- „Das Abschlussfoto": Die Kinder laufen nacheinander in den Raum und positionieren sich mit Posen in einem Pulk, sodass am Ende eine in Posen stehende Gruppe entsteht – die Lehrperson tut dann so, als würde sie ein Foto schießen.

Für das Einführen von Ritualen ist es nur notwendig, den dafür notwendigen Ablauf in jeder Stunde zu wiederholen. Nach ca. 2-3 Stunden wird sich dieser Ablauf, Spruch, Vers oder das Spiel als erkennbares Ritual etabliert haben.

Für solche ritualisierten Verse und Sprüche sollten Sie selbst zum Dichter werden! Dichten Sie, was das Zeug hält!

Kinder lieben solche ritualisierten Verse und ebenso, diese gemeinsam aufzusagen!

ANHANG

1 Literatur zum Thema/Empfehlungen

- Braun, A.. (2001) *Leicht wie eine Feder. Kreatives Tanzen mit Kindern.* 2. Auflage Kösel Verlag.
- Fischer. R.. (1998). *Tanzen mit Kindern. Spielformen, Technik, Improvisation, Gestaltung.* Gustav Bosse Verlag
- Reichle-Ernst, S. & Meyerholz, U.. (1999). *Einfach lostanzen. Tanzgeschichten für Kinder von 4-10 Jahren.* 4. Auflage, Zytglogge Verlag.
- Reichle-Ernst, S. & Meyerholz, U.. (2009). *Heiße Füße, Zaubergrüße. Tanzgeschichten für Kinder von 4-10 Jahren.* 8. Auflage, Zytglogge Verlag.
- Quaas, B.. (2003) *So einfach ist Tanzen.* Christopherus Verlag.

2 Musikangaben und Empfehlungen

Die Choreografien aus dem Buch wurden zu folgenden Musikstücken vorgeschlagen:

- „Pinocchio Klick Klack" TOGGO MUSIC
- „Pinocchio in Moskau" TOGGO MUSIC
- „Wer hat an der Uhr gedreht?" SOUNDTRACK PAULCHEN PANTHER
- „Der Flamingotanz" ROBERT METCALF
- „My man is a mean man" STEFANIE HEINZMANN

Weitere Empfehlungen

Musik für Improvisation

- Rene Aubry
- Rene Dupere
- Bach/Mozart/Vivaldi
- David Garrett
- Cirque Du Soleil
- Gotan-Projekt
- Quadro Nuevo

Musik für Kinder

- Hermann van Veen (Alfred Jodocus Kwak)
- Volker Rosin
- Die Lollipops
- Robert Metcalf

Titelmusik

Diese Titel finden Sie unter der Angabe des Namens im Internet!

- Lukas, der Lokomotivführer („Eine Insel mit zwei Bergen")
- Pippi Langstrumpf („Zweimal drei macht vier")
- Rosaroter Panther („Wer hat an der Uhr gedreht?")

Soundtracks

- Fabelhafte Welt der Amelie
- Das Piano
- Chocolat
- Jenseits der Stille
- Das Dschungelbuch 2
- König der Löwen
- Charlie Chaplin

Bildnachweis

Cover-Collage: iStockphoto/Thinkstock, Photodisc/Thinkstock, Brand X Pictures/ Thinkstock; Grafik Umschlag und Kapitelanfang: iStockphoto/Thinkstock; S. 75: Friedrich Schilling; alle weiteren Fotos: Hartmut Jakubowsky

Lektorat: Dr. Irmgard Jaeger
Satz: Cornelia Knorr, Bearbeitung 3. Auflage Sannah Inderelst
Layout, Cover & Umschlaggestaltung: Sannah Inderelst